A Cigana da Casa 13

Crivo

A Cigana da Casa 13

VITÓRIA LÍBIA BARRETO DE FARIA

A cigana da casa 13 © Vitória Líbia Barreto de Faria 11/2022

Edição © Crivo Editorial, 11/2022

FOTOS (DAS PÁGINAS 145 A 151) Acervo da família

FOTOS (DA 4º CAPA E DA PÁGINA 152) ©Estúdio Glória Flügel

EDIÇÃO E REVISÃO Cynthia Iuryath

CAPA Fábio Brust & Inari Jardani Fraton - Memento Design & Criatividade

PROJETO GRÁFICO E DIAGRAMAÇÃO Luís Otávio Ferreira

COORDENAÇÃO EDITORIAL Lucas Maroca de Castro

Dados Internacionais de Catalogação na Publicação (CIP) de acordo com ISBD

_____

F224c   Faria, Vitória Líbia Barreto de
A cigana da casa 13 / Vitória Líbia Barreto de Faria.
- Belo Horizonte, MG : Crivo, 2022.

152 p. ; 13,6cm x 20,4cm.

Inclui índice e anexo.

ISBN: 978-65-89032-46-5

1. Biografia. 2. Memórias. 3. História. 4. Costumes. 5. Família. I. Título.

2022-3480   CDD 920   CDU 929
_____

Elaborado por Vagner Rodolfo da Silva - CRB-8/9410

Índice para catálogo sistemático:
1. Autobiografia 920
2. Autobiografia 929

CRIVO EDITORIAL
Rua Fernandes Tourinho, 602, sala 502
30.112-000 – Funcionários – Belo Horizonte – MG

🌐 crivoeditorial.com.br   📷 instagram.com/crivoeditorial
✉ contato@crivoeditorial.com.br   🌐 crivo-editorial.lojaintegrada.com.br
f facebook.com/crivoeditorial

Agradecimentos

A escrita de um livro é sempre um trabalho coletivo. Muitas pessoas contribuíram para que *A Cigana da Casa 13* se tornasse realidade.

Meu maior agradecimento vai para meus irmãos Hamilton, Sérgio, Paulo e Daniel, que tanto me ajudaram a recuperar memórias quanto a corrigir inconsistências ao longo de todo o processo de escrita.

Ao Wagner Barreira, que, com a história de seu avô, narrada no livro *Demerara*, me inspirou a escrever a história de minha mãe.

Ao Paulo Sá Brito, amigo querido, que tendo escrito livros nos quais conta a história de sua avó e de seu pai, fortaleceu o meu desejo de escrever sobre Julíbia.

Agradeço a Rosana Aragão Soares, Stefânia Padilha da Costa, Fátima Salles (*in memoriam*), Mabel Faleiro, Cristina Gouveia e Gilberto Palma Araújo, pela leitura dos originais e pela amizade, incentivo e colaboração.

Ao Gildo e às minhas filhas Raquel e Mariana, pelo carinho, presença e paciência.

Agradeço, especialmente, ao Lucas, à Cynthia e a toda equipe da editora Crivo, que concretizaram a feitura desta obra e ajudaram a melhorar este livro.

Sumário

	Prefácio	9
	Prólogo	11
1.	Minha primeira aposta na vida	17
2.	A busca da coragem para enfrentar tragédias	31
3.	De como sobrevivi aos Anos de Chumbo	51
4.	Minha alma bailarina viaja pelo mundo	75
5.	Meu paraíso particular	95
6.	Minhas joias mais preciosas	121
	A despedida	139
	Fotos	143

Prefácio

Inspirar, eis um verbo transitivo direto e intransitivo bem generoso de significados. O primeiro deles tem a ver com respirar, puxar o ar para dentro do corpo, manter-se vivo. Mas é de outro inspirar que falamos aqui, e talvez, no limite, ele não seja tão diferente, no sentido de algo fundamental para que a vida siga.

Demorei a escrever meu primeiro romance, publicado quando tinha 58 anos. Antes, precisei manter-me vivo, alimentar e dar teto aos três filhos, e segui uma carreira de executivo no jornalismo. Ainda assim, o ato de escrever, e escrever ficção, se impunha. *Demerara*, meu primeiro romance, conta a suposta história do meu avô paterno. Dele sabia quase nada. Que chegou ao Brasil a bordo do vapor Demerara, o mesmo que foi responsável por trazer a chamada gripe espanhola à América do Sul; que viveu num bairro periférico de São Paulo, que teve, por óbvio, um filho — do contrário eu não existiria para contar a história.

Nos eventos de lançamento do livro, fui convidado a discutir a obra no clube de leitores da Livraria do Belas, de Belo Horizonte. Foi lá que conheci Vitória Faria. Passados dois anos, descobri que aquele encontro teve um sério efeito na vida dela: a levou a voltar aos papéis de sua mãe e, com base neles, escrever o romance da vida da antepassada. Fora o parentesco entre autores e personagens, nada mais diferente nas duas histórias. A começar pela riqueza de informações à disposição de Vitória, fornecida pela própria mãe em seus diários e papéis avulsos ao longo de meio século. Seguramente, a saga de Julíbia é muito mais próxima da realidade do que a de meu avô Bernardo. Mas estamos falando de ficção, de romance, de organizar um livro, de escolher palavras. E aí os fazeres de Vitória e o meu se igualam.

À medida que acompanhamos as lembranças de Julíbia durante sua internação, a autora desvela as histórias que marcaram a vida da mãe. E que histórias. Filhos perseguidos pela ditadura, a tentativa de suicídio do marido, a descoberta do amor na idade madura, as viagens para o exterior. Vitória tem a generosidade, em seu livro, em dar voz aos irmãos, que abraçam as memórias com pontos de vista distintos. O conjunto é um delicado bordado, conduzido pelas mãos seguras da escritora.

Tive muitas alegrias (e pouco dinheiro) com meu livro. A maior delas, pelo simbolismo que embute, foi a tradução de *Demerara* para o galego, a língua materna do meu avô. Para mim, de certa forma, foi seu retorno, ainda que simbólico, à terra que tanto amava. Tenho certeza de que para Vitória a recompensa tem igual tamanho. "Descobri que o escrevi para preencher ausências de coisas que haviam sido esquecidas ou encobertas, vistas agora com as lentes da saudade e da memória", ela escreveu no prólogo da obra. Escrever para preencher ausências é um ótimo motivo. Do meu lado, guardo a satisfação pessoal de saber que meu livro ajudou alguém a encarar o duro desafio da literatura. Inspirar é manter-se vivo.

WAGNER G. BARREIRA

Prólogo

Sempre gostei de escrever e boa parte de minha vida passei escrevendo. Além de muitos artigos publicados em revistas e livros de circulação nacional, escrevi junto a Fátima Salles dois livros para formação de professores da Educação Infantil, um dos quais foi selecionado pelo Ministério da Educação (MEC) e distribuído para todas as escolas públicas brasileiras desse segmento. Fui editora de conteúdos da Revista Criança, publicação do MEC, e nela escrevi inúmeros artigos. Ainda em minha passagem pelo MEC, produzi um vasto material para a formação de professores. Durante a pandemia, fui a escriba de meus netos, escrevendo com eles um livro de literatura infantil, publicado pela Editora Crivo. Embora sempre tivesse o desejo de escrever um romance, nunca me aventurei por esse caminho.

Hoje me pergunto: por que aos 75 anos decidi escrever uma biografia romanceada de minha mãe? Que motivos me levaram a assumir tal empreitada? Confesso que essa pergunta me acompanhou durante todo o processo de organização e produção desses escritos e não encontrei uma resposta única. Minha mãe, quando morreu em 2005, deixou uma quantidade imensa de cadernos nos quais registrou, por mais de 50 anos, suas memórias na forma de diários que ela um dia pretendia publicar. Além dos diários, guardava também recortes de jornais, cartas, alguns contos e crônicas escritos por ela e fotos de família.

Após seu falecimento, eu e meus irmãos penetramos em seu relicário, espalhado desordenadamente dentro de caixas, gavetas, sacos, baús e até mesmo debaixo do colchão de sua cama. Assim, deparamo-nos com um material que para nós tinha um valor afetivo, mas que, naquela época, ainda não identificávamos possuir nenhum valor histórico ou literário. Desta forma, ficou guardado por quinze anos na casa em que ela viveu. Parte dele foi se deteriorando e alguns fragmentos foram sendo levados pelos filhos como recordações. Até que, em 2020, lendo o livro *Demerara*, de Wagner Barreira, sobre a história de seu avô que, em 1918, veio da Espanha para o Brasil no navio Demerara trazendo, além do carregamento e das bagagens de seus passageiros, o vírus da gripe espanhola, fui desafiada a escrever a história de minha mãe, nascida durante aquela pandemia. As minhas reflexões acerca desta obra, em que o autor se remete a fatos do século passado, inspiraram-me a colocar a protagonista do meu livro vivendo outros acontecimentos desse período.

À medida que remexia aquelas páginas amareladas, mofadas, sujas, algumas rasgadas, outras totalmente destruídas, outras ainda incompreensíveis pela maneira desordenada que ela escrevia, fui percebendo que ali havia um material precioso. Além dos diários, foram também fontes para a escrita desse livro inúmeras conversas com meus quatro irmãos e uma série de entrevistas concedidas por ela a seu filho, Hamilton Faria, alguns anos antes de sua morte. Comecei, então, a pensar em como essa história particular poderia interessar não apenas às gerações atuais e futuras de nossa família para que conhecessem um pouco das suas origens, como também poderia ser possível ao leitor reconhecer nela elementos históricos que o levassem a uma reflexão mais ampla sobre o passado que pode contribuir para o entendimento do presente. Assim, no processo de escrita, fui me dando conta de que ao narrar essa história pessoal estava também me remetendo a fatos e acontecimentos históricos do século XX, bem como a histórias de pessoas com hábitos, costumes, maneiras de viver, de pensar e de sentir mais universais que poderiam ser compartilhados com outros.

Por outro lado, fui percebendo que, de certa forma, ao contar a história de minha mãe do meu ponto de vista, estava também narrando parte da minha própria história. Assim, a leitura daqueles manuscritos passou a ter também, para mim, uma função terapêutica. Foi aí que encontrei outras razões para escrever esse livro, tais como entender o meu próprio processo de envelhecimento e a proximidade da morte nesses dias de pandemia em que, constantemente, conversamos com ela. Dessa maneira, partindo de fatos reais, fui tecendo essa história que além de ser uma aventura e uma busca individual é também uma viagem ficcional que, nos tempos difíceis durante os quais essa peste se espalhou, preencheu o vazio de meus dias e serviu como vacina contra a covid – 19, antes mesmo de ela ter sido inventada. De repente, ao penetrar em um mundo em que só eu tinha acesso, abri as portas do inconsciente para coisas que eu não conseguia controlar e que me levaram a camadas de minha história que eu havia escondido até de mim mesma.

Fazer uma biografia romanceada é sempre um risco, principalmente quando se trata de um biografado com o qual o autor tem ou teve uma relação muito próxima. Conheço bastante as histórias que relato no livro pois cresci ouvindo-as ou participando de muitas delas. Assim, na minha narrativa, estão presentes fatos objetivos e acontecimentos reais. Da mesma forma, estão também expressos sentimentos e sensações determinados por minha subjetividade, ou seja, pela maneira como experimentei, julguei e até mesmo imaginei, que estariam presentes nos pensamentos e nos desejos de minha mãe. Com certeza, não agradarei a todos que a conheceram e conviveram com ela pois é possível que alguns se sintam traídos pela maneira como a apresento aqui. Respondo a eles que minha lupa talvez esteja contaminada pela compreensão que hoje tenho das situações vividas por ela e das minhas próprias vivências como uma mulher de 77 anos.

Retomando as razões para escrever esse livro, descobri que o escrevi para preencher ausências de coisas que haviam sido esquecidas ou encobertas, vistas agora com as lentes da saudade e da memória. Escrevi também para homenagear minha mãe, "A cigana da casa 13", para cumprir um desejo seu e para sempre lembrar de sua autenticidade e de sua coragem.

Peço a palavra na plenária do teu coração
Sou um homem tão pequeno na tua multidão
Cigana que canta Paloma que canta La Violetera
Com tua voz de Capinzal
Cigana entre as bananeiras
Da rua entre o pinheiral
Oh! Cigana teus filhos caminham no tempo
Oh! Cigana teus filhos prosseguem a vida
Oh! Cigana! Bonita Cigana
Cigarra Formiga
Dos teus doces do coração

Música de Daniel Faria e Hamilton Faria

1

Minha primeira aposta na vida

Abril de 2005. É quase Páscoa.
Acabo de chegar ao hospital...
Ainda me encontro na sala de espera aguardando minha vez para ser atendida. Estou sentindo muitas dores, por essa razão meus filhos me trouxeram para cá. Detesto esse clima. Essas paredes brancas, essas pessoas tristes, algumas chorando, outras com o olhar distante, um cheiro de cloro, de mercúrio, de éter e de álcool entrando por minhas narinas. Só vim para cá com a garantia de que meus filhos não me deixarão só e não permitirão que me levem para a Unidade de Terapia Intensiva (UTI). Local que me apavora desde que minha filha mais velha, Maria da Glória, um dia entrou numa dessas UTIs para sair dias depois, já sem vida. Para mim, esse é um lugar de morte, não de tratamento. Minha família respeitou minha vontade e cobriu-me de boas energias e das orações fervorosas de alguns.
Nunca senti dores tão fortes como as que tive durante a noite e as que sinto agora. Não há o que as faça passar. Tomei

analgésicos, calmantes, chás. Fiz compressas e... nada. Foi durante esses momentos terríveis que comecei a pensar no tanto que eu já vivi e no quanto ainda quero viver, se é que ainda quero. Não tenho muita certeza disso.

Eu sempre pensei que queria viver até os 113 anos. No entanto, como uma pessoa dividida, há momentos em que quero morrer. Nesses momentos, entro em conflito com o mundo de hoje. Sinto-me antiga, retrógrada, antiquada. Não consigo mais me sentir bem em alguns ambientes. Não sou compreendida, nem mesmo pelos meus filhos. Talvez, por isso, em momentos de desespero, já senti vontade de acabar com a minha vida. Só não o fiz por ser religiosa e por achar que meus filhos não merecem ter uma mãe suicida.

Essa noite, no intervalo das tenebrosas dores, comecei a relembrar como cheguei até aqui. Tenho 87 anos. Sou filha do maestro, compositor e instrumentista Júlio Barreto e da dona de casa, costureira e dona de pensão Líbia Vieira Barreto. Meu pai era alcóolatra, boêmio e irresponsável. Consumiu nas noitadas, nas batucadas e nos bares todo o dote trazido por minha mãe quando se casou. Ele nunca frequentou uma universidade, entretanto, escrevia muito bem, com um português impecável. Conhecia latim, sabia falar francês e alemão e tocava diversos instrumentos. Compôs o Hino Farroupilha por ocasião do centenário da Guerra dos Farrapos. Suas músicas foram ouvidas no Brasil e em alguns países como Itália, Alemanha e Estados Unidos. Durante a guerra, fez uma música denominada Virgem Loira da Alemanha. Por essa razão, quase chegou a ser preso por acharem que era nazista. Compunha por inspiração e por encomenda, mas nunca ganhou dinheiro com isso. Apenas recebia alguns trocados que gastava nos bares com os amigos. Quando se casou, tinha 32 anos.

Minha mãe era a primeira filha de uma rica família de Camboriú. Seu pai era dono de um próspero comércio de secos e molhados. Foi criada com muito luxo e, quando se casou, aos 17 anos, levou consigo além do rico enxoval, joias maravilhosas. Lembro-me de um cordão de ouro de cinco voltas, de um bracelete com cabeça de serpente e de seus lindos anéis de brilhante. Seu pai a chamava de princesinha. Frequentou apenas os primeiros anos de escola, mas gostava de ler, de pintar e de bordar como era comum entre as mulheres de sua época e da classe social a que pertencia. Aos poucos, teve que se desfazer de sua vaidade e de seus bens para sustentar a família e, quando não tinha mais nada para vender, lembrou-se de seus dons e seu bom gosto para a moda e começou a costurar. Virou uma modista bastante conhecida em sua cidade pela elegância e pelo charme das roupas que confeccionava. Mais tarde, com os filhos estudando, mudou-se para Curitiba e, como o dinheiro das costuras não era suficiente para manter todos os filhos na escola, alugou uma grande casa que transformou em uma pensão para estudantes.

Sempre pensei em escrever um livro de memórias. Para tanto, durante toda a minha vida, escrevi diários. Tenho cadernos e mais cadernos guardados em meus baús e em todas as gavetas, alguns até escondidos debaixo do colchão da minha cama. Nunca durmo sem ter escrito pelo menos uma página. Escrever parece me libertar, me permitir desapegar das dificuldades vividas durante o dia e da solidão que carrego agora que meus filhos não moram mais comigo. Cada um está seguindo o seu próprio caminho junto às famílias que constituíram. Registro nesses diários as coisas boas que vivo, as pessoas que encontro, as lembranças que me acompanham enquanto me ocupo dos afazeres domésticos. As minhas fantasias, planos, sonhos, minha fé e as duras batalhas que enfrento também ocupam um lugar de destaque naquilo que escrevo. Nunca deixo de registrar também os meus desejos e projetos de futuro. Fico pesarosa ao pensar que o meu tempo está se esgotando e que não conseguirei publicar meu livro. Gostaria que o mundo inteiro conhecesse a minha história. Não sei se isso é megalomania, mas até o título eu já havia escolhido: "Poema da Cruz" como símbolo da minha própria cruz na vida e em homenagem à cruz de madeira que sempre me acompanhou, sobretudo nos momentos mais difíceis. Meus filhos acham que o livro deveria se chamar "A cigana da Casa 13". Eles consideram que esse nome diz muito do que sou física e espiritualmente. Muita gente, até mesmo os próprios ciganos, acha que me pareço muito com esse povo, tanto na cor da pele e dos cabelos quanto no jeito de me vestir, nos lenços, colares, brincos, leques e xales que uso, até mesmo na escolha de alguns utensílios que gosto de ter em minha cozinha, como os tachos de cobre com os quais faço os meus deliciosos doces. Acho que também tenho uma alma cigana, nômade e com grande capacidade de adaptação.

Já quando me sugerem colocar no título a Casa 13 é em função do número de minha preferência. Desde que nossa casa foi construída e recebeu esse número, ele me acompanha e faz parte da minha história e de tudo que aconteceu naquele lar que foi meu inferno e meu paraíso. Como sou uma pessoa supersticiosa, gosto desse número porque acredito que ele atrai para mim boas energias. Mas agora não adianta escolher o título pois não haverá mais tempo para escrever essas minhas memórias. Sinto que não sairei com vida deste hospital.

De acordo com a lenda familiar, nasci com duas cabeças. Recém-nascida, em 1918, em plena gripe espanhola, fui submetida a uma cirurgia para eliminar uma delas. Na realidade, como se constatou, não eram duas cabeças. Era um grande tumor. Foi uma cirurgia complicada pois, naquela época, a medicina não possuía ainda exames tão precisos que pudessem detectar até que ponto a retirada de um tumor poderia comprometer neurológica ou cognitivamente o bebê. Além disso, todos os esforços médicos estavam voltados para descobrir fórmulas de acabar com aquela gripe maldita que estava cada vez mais próxima da minha cidade natal, Laguna, no litoral catarinense. Lá não se falava em outra coisa desde que o navio inglês Demerara havia chegado ao Nordeste, ao Rio de Janeiro e em São Paulo, deixando em cada porto o rastro da maldição que já se expandia por grande parte da Europa.

Segundo o que meu pai contava, as notícias que saíam nos jornais eram assustadoras: "Gripe Espanhola já deixou mais vítimas no mundo que a Peste Bubônica durante a Idade Média". "A Bailarina já chegou ao Rio Grande do Sul, trazida por trinta e oito tripulantes do Vapor Itaquera". "Gripe Espanhola, também conhecida como Bailarina, após chegar ao Rio Grande do Sul, desembarca na Estação Marcelino Ramos, na divisa com Santa Catarina". "O vírus que chega a Santa Catarina na segunda onda é muito mais letal que o da primeira".

Havia várias hipóteses sobre a origem dessa pandemia que diariamente exterminava milhares de pessoas em vários cantos do planeta. Sabia-se apenas que começou a se disseminar em 1914, nos campos de treinamento militar. Durante a guerra, ela se espalhou rapidamente e por essa razão também era conhecida como "Mal das Trincheiras". Na Europa, cenário da guerra, ela foi fazendo suas maiores vítimas. O pavor tomou conta da minha cidade quando em "04 de novembro de 1918, na pequena cidade de Laguna, dezoito mil pessoas já haviam sido infectadas". Isto significava um terço da população local.

Nesse contexto, uma menina de família pobre, com menos de um mês de vida, que havia nascido com duas cabeças, o máximo que poderia despertar era a curiosidade dos vizinhos que buscavam explicar aquela anomalia formulando hipóteses diversas: "Isso é sinal dos tempos". "É castigo de Deus". "Deve ser o vírus da gripe que a mãe adquiriu durante a gravidez". "O pai é alcoólatra…". A verdade é que todos queriam ver aquela estranha criança que recebeu o nome de Julíbia. Esse nome era a junção dos nomes de Júlio e Líbia, meus pais. Talvez seja por isso que, não só em meu nome, sou o retrato da dubiedade e da união. Penso que a cabeça retirada levou a minha racionalidade e fez de mim essa criatura que sempre está em conflito e dividida, buscando aquilo que talvez tenha se perdido com o tumor retirado. Dá para sentir que eu já nasci causando escândalo e provocando polêmicas.

Quando sinto que vou morrer, fico lamentando o que deixarei para trás, mas como cristã, começo a antever o que viverei quando estiver do outro lado. Quantas pessoas queridas vou encontrar: minha mãe, meu pai, minha filha mais velha, meu marido, meus amigos queridos, meus irmãos. Isso vai ser ótimo. Vamos colocar todas as nossas conversas em dia.

Um dos primeiros que quero encontrar é o Rômulo, pois foi com ele que vivi a maior parte da minha vida. Quando nos casamos, eu tinha apenas 19 anos e ele quase 40. Foi ele que me fez sentir a mais feliz das mulheres, que realizou o meu sonho de ser mãe. Foi ele também que me fez sentir a mais desgraçada e a mais desamparada das viventes, me fez sofrer, me humilhou. Nunca me compreendeu.

Conheci Rômulo quando saí de Laguna e vim morar em Curitiba para cuidar da casa de meus irmãos que eram estudantes e não tinham dinheiro para pagar uma empregada. Eu tinha dezoito anos e tinha feito apenas o curso primário. Meu sonho era encontrar, na cidade grande, o meu príncipe encantado. Nos meus devaneios, ele seria um intelectual bonito e bondoso, que me faria feliz e com quem eu teria muitos filhos. Até então, minha vida tinha sido muito difícil. Após a retirada do tumor, tornei-me uma criança frágil, triste e doente, tinha crises constantes de bronquite asmática. Meu pai dizia: "essa menina não vai vingar". Na escola, ia mal pois faltava muito às aulas. Por ser muito protegida, qualquer resfriado era motivo para eu ficar em casa.

Chegando em Curitiba, logo nas primeiras semanas, encontrei Rômulo, um homem de quarenta anos, íntegro, educado e tímido. Era jornalista e morava próximo de minha casa. No início, eu o encontrava escondido de meus irmãos, que vigiavam todos os meus passos, só saía de casa para visitar umas amigas que moravam na mesma rua ou para ir à igreja. Quando contei aos meus irmãos sobre os meus encontros com Rômulo, quiseram conhecê-lo e logo lhe perguntaram:

— Quais são as suas intenções?

Sua resposta foi rápida e objetiva:

— Quero me casar com ela.

A partir dali, foram apenas mais alguns meses e logo me vi casada com um homem que eu pouco conhecia, mas que se encaixava no meu sonho de sair da tutela de meus irmãos. Era um intelectual e, como eu, queria ter muitos filhos. Quando fui para Laguna para preparar meu enxoval, ele me escrevia lindas cartas de amor, fazendo-me sentir importante como nunca havia me sentido em toda a minha vida. O amor tem dessas coisas, a gente passa a gostar de si mesmo através do olhar do outro.

Rômulo era filho de um pequeno fazendeiro de Rio Negro, no Paraná. Era o mais novo de uma família de muitos filhos. Seu pai morreu quando ele tinha 20 anos e, a partir de então, teve que se virar sozinho. Começou sua vida profissional no Rio de Janeiro, cidade que adorava. Depois, mudou-se para Curitiba onde logo começou a estudar e trabalhar. Gostava de escrever e fazia isso com grande facilidade. Não demorou muito para conhecer a intelectualidade paranaense da década de 1920 e passou a trabalhar em jornais de grande circulação. Foi fundador, editor e diretor de vários deles, como O Imparcial, O Dia, O Diário do Paraná e o Correio da Noite.

A mãe, de acordo com as histórias da família, havia morrido quando ele tinha apenas nove meses. Rômulo me contou que fora criado por Leopoldina, sua irmã de criação, que após a morte de sua mãe passou a cuidar dele. Essa história nunca foi bem explicada. No século XIX, essas coisas ainda eram muito comuns. Os ditos filhos de criação, muito frequentemente, eram filhos naturais, frutos da relação do senhor ou de um de seus filhos com uma mulher preta escravizada.

Leopoldina, embora muito parecida com a família Faria, tinha alguns traços dos povos de origem africana que viveram escravizados no Brasil. Entretanto, foi oficializada na família como uma criada que fora levada para a casa grande como filha de criação, mas que tinha como tarefas o trabalho doméstico e o cuidado das crianças após a morte da mãe do Rômulo. Ele nasceu em 1898, isto é, apenas dez anos depois da abolição da escravatura, quando essas relações familiares clandestinas ainda eram muito presentes. Essa história nebulosa foi fruto de muitas indagações por parte de meus filhos que sempre perguntavam:

— Quem na realidade era Leopoldina?

— Que relação ela tinha com a família Faria?

— Não seria, por acaso, a verdadeira mãe de Rômulo? Amante de seu pai? Seria irmã dele?

Minha mãe, por sua vez, tinha também uma história cheia de segredos os quais a família sempre tentava encobrir. Depois de adulta, estranhando que meus dois irmãos mais velhos eram pretos, enquanto o restante da família era de cor branca, penetrei no mundo secreto de meus antepassados. Minha mãe, certo dia, revelou-me que os dois, Peri e Tupi, não eram filhos dela e que haviam sido trazidos para a sua casa alguns dias depois de seu casamento com meu pai. A mãe deles morrera de desgosto quando soube que meu pai havia se casado. Ela era filha de uma escrava liberta pela Lei Áurea que, após peregrinar pelas ruas em busca de trabalho, havia encontrado meu pai e vivido com ele um caso de amor clandestino do qual nasceram meus dois irmãos mais velhos. Depois de sua morte, que alguns dizem ter sido suicídio, minha mãe assumiu as duas crianças, que já tinham cinco e sete anos, como seus verdadeiros filhos.

Depois que nos casamos, em 1939, fomos morar em Paranaguá. Ele fez um concurso público para o Instituto Brasileiro do Café (IBC) e, aprovado, foi designado para aquela cidade. Assim, abandonou o jornalismo que naquela época era uma profissão de fé e exigia dedicação exclusiva. Ele me dizia que diversas vezes teve que atravessar a noite acordado para fechar a edição que deveria estar de madrugada nas bancas. Definitivamente essa não era uma profissão para um homem recém-casado. Morávamos em uma casa alugada, em uma chácara, cheia de pés de jabuticaba. Ao lado, morava um casal que tinha um filho mais ou menos da minha idade. À tarde, depois que eu terminava o serviço de casa, conversava e brincava com ele. Subíamos nas jabuticabeiras, jogávamos bola e pulávamos caracol. Certo dia, Rômulo, ao chegar do trabalho, me encontrou jogando peteca com o vizinho e aí começaram nossas brigas por ciúme.

A seguir, vieram os filhos. As duas primeiras nasceram em Paranaguá. Essa cidade me lembrava Laguna. Era uma cidade litorânea, e seu porto me trazia lembranças de um marinheiro que conheci quando criança e que me prometeu levar além da última onda que conseguíamos avistar. Ah! Esse marinheiro estava sempre comigo nas minhas fantasias, no meu desejo de viajar e de conhecer o mundo.

Eu e meu marido todos os domingos íamos à missa na igreja do Rocio e, depois, íamos ao porto ver os navios que ali chegavam. Centenas de marinheiros circulavam por ali. Sacos e sacos de café eram embarcados em grandes navios que traziam mercadorias de outras terras. Por vezes, conversávamos com algum comandante que nos permitia visitar seu navio. Essa vida à beira-mar me trazia também lembranças dos poucos passeios que fiz com meu pai durante toda a minha infância. Eu e meu pai caminhávamos de mãos dadas pela praia, chegando ao porto. Íamos conversando e eu sempre queria saber o que havia do outro lado do oceano. Ele me contava várias histórias bonitas sobre o que havia do lado de lá e, assim, me despertava o desejo de sair mar afora. Certa vez, senti que esse sonho poderia se realizar. Quando eu tinha onze anos, numa manhã ensolarada enquanto meu distraído pai conversava com amigos, um jovem bonito aproximou-se de mim e perguntou:

— O que uma menina bonita como você faz aqui sozinha?

— Não estou só. Papai está logo ali conversando com amigos.

— Quem é seu pai?

— É aquele de chapéu. Ele é o compositor Júlio Barreto.

— Você sabia que é muito linda? Um dia eu volto para casar com você. Meu nome é Carlos e sou o auxiliar do comandante. Um dia serei eu a comandar esse navio e virei te buscar para viajar comigo pelo mundo.

Saí correndo, esbaforida, ao encontro de papai, mas muito feliz por alguém ter me achado bonita. Eu era considerada a feia da família, magrela, com aparência doentia e meio desengonçada. Por anos, alimentei a fantasia de que aquele jovem marinheiro um dia viria me buscar para levar-me consigo numa eterna viagem. Depois disso, muitas coisas ocorreram em minha vida, mas sempre que vou a um porto, relembro aquele feliz encontro que, de certa forma, alimentou-me o desejo por viagens e a esperança de encontrar alguém que me fizesse singrar mares em busca de outros mundos.

Sinto que por ter nascido durante a gripe espanhola, também conhecida como gripe bailarina, tenho uma alma bailarina. Essa peste foi assim chamada por sua rápida movimentação entre as pessoas, bem como dentro do organismo humano. Às vezes, sinto-me como uma bailarina sem pernas. Quero me movimentar e não consigo. Acho mesmo que minha alma sempre foi bailarina e viajante, mas meu corpo ficou por muito tempo preso à terra, à casa e à família.

Após muitos anos, quando morava em Curitiba com meus irmãos e já era noiva de Rômulo, mamãe escreveu-me dizendo que havia recebido a visita do comandante Carlos que estava de passagem por Laguna e queria ver a menina, filha do compositor Júlio Barreto, que certo dia encontrou no porto. Disse que naquela época eu deveria ter uns onze anos.

— Deve estar hoje uma linda moça! — Disse ele.

Mamãe disse-lhe que eu agora morava em Curitiba e que iria me casar em breve. Relatou também a expressão de desapontamento do comandante. Parece um conto mágico dos tempos da minha infância, mas esse episódio marcou a minha vida. Nos momentos difíceis do meu casamento, em meus devaneios, sonhava acordada pensando em como minha vida poderia ter sido diferente se eu tivesse esperado pela volta do marinheiro para com ele navegar por mares desconhecidos.

A verdade é que aquele encontro não apenas fortaleceu o meu desejo de conhecer o mundo, como também imprimiu em mim o ideal de amor romântico que eu persegui durante toda a minha vida, buscando concretizar aquele sonho de menina.

Em 5 de setembro de 1939, Rômulo envia uma carta para Julíbia: Para ler depois do nosso casamento.

Dentro da vida efêmera que tem a rapidez do minuto que passa, o nosso noivado foi eterno, quero dizer, sem nenhuma nuvem de contrariedade, sem uma só nuvem a toldar o nosso sonho de nove meses, por que, então, não haveremos de prosseguir na eternidade de nosso amor, dentro da eternidade da vida?

Hoje, já não somos simplesmente noivos. Somos marido e mulher. Somos dois corpos num corpo só, duas almas numa alma só, almas que se fundem num só anseio, em busca da felicidade. O casamento, na sagrada e sublime acepção do termo, é o ato mais sério de nossa vida. É o passo mais solene de nossa existência. E tem uma importância pública sobre a vida da comunidade, uma influência notável sobre a vida dos povos e das nações.

E, assim, se amanhã tivermos filhos, educa-os na escola do dever. Faze deles cidadãos dignos dessa nossa Pátria admirável, dessa nossa terra opulenta e bela em cujo seio a maravilha da criação colocou as reservas da vida universal.

2

A busca da coragem para enfrentar tragédias

Só agora, depois de uma longa espera, levaram-me para o quarto. Aqui, o cheiro de água sanitária misturada ao odor do álcool me causa náuseas. Colocaram-me em uma cama muito alta e vestiram-me essa camisola horrorosa, com abertura atrás, de bunda de fora, sem calcinha para facilitar a colocação daquela coisa que chamam de "comadre". Até hoje não entendi o porquê desse nome, acho que penico ou urinol são nomes mais adequados. Tão vaidosa que sou, vejo-me aqui descabelada, sem nem um batonzinho e entregue a pessoas que nunca vi antes. Invadiram minhas veias com soro e com analgésicos para aliviar a dor. Com esse movimento todo, interrompi minhas reflexões. Meus filhos foram chegando muito assustados com meu estado. Nunca haviam me visto assim. Será que eles acham que vou morrer? Não estava para muita conversa e resolvi fingir que dormia, mais uma vez mergulhei em minhas lembranças. Elas vão passando pela minha cabeça como se fossem um filme. Logo Rômulo reapareceu em meus pensamentos e eu comecei a relembrar os acontecimentos de nossa vida e a antever, novamente, nosso reencontro caso eu venha a morrer.

Com o nascimento de nossos filhos, minha relação com meu marido foi ficando cada vez mais difícil pelo ciúme que ele tinha de mim. Não havia diálogo. Eram só brigas. Passei a conhecer melhor o homem com o qual eu havia me casado e do qual agora dependia para sobreviver. Naquela época, as mulheres que, como eu, não haviam estudado, só trabalhavam em casa nos serviços domésticos e na criação dos filhos. Minha profissão era dona de casa e eu dizia isso com muito orgulho. Não havia divórcio e não dava nem para pensar em separação. Estava irremediavelmente ligada e dependente de um homem que eu não mais amava.

Em 1947, o IBC, órgão no qual Rômulo trabalhava, foi extinto em Paranaguá e, com isso, fomos obrigados a nos mudar para Curitiba. Com duas filhas pequenas e pouco dinheiro, inicialmente fomos morar nos fundos da casa de minha mãe. Mas, logo depois, meu marido foi convidado a trabalhar no Serviço Social da Indústria (SESI). Assim, com dois empregos e ganhando melhor, decidimos comprar um terreno para construir nossa própria casa. Leopoldina, a dita irmã de criação de Rômulo, tinha sido casada com um jardineiro italiano, mas, nessa época, já viúva, morava numa casa humilde, no alto da rua XV. Não tinha filhos e, com a viuvez, ficou sozinha no mundo. Rômulo sentiu-se na obrigação de ampará-la. Foi assim que comprou seu terreno com o casebre em que morava e assumiu o compromisso de cuidar dela até o fim de seus dias. Comigo, assumiu o compromisso de construir uma nova casa no terreno recém-comprado. Eu não tive escolha. Fui morar em uma casa muito precária, cheia de goteiras, jorrando água pelo teto e por todos os lados durante as fortes chuvas no início de cada um daqueles janeiros antigos, e de ventos entrando gelados nas madrugadas dos primeiros dias de inverno.

Houve dias em que eu precisei cozinhar de guarda-chuva armado pois chovia até em cima do fogão. E assim aconteceu, Leopoldina virou, na prática, minha sogra e avó dos meus filhos. Nessa época, ela devia ter um pouco mais de setenta anos. E os outros filhos foram chegando.

Depois de duas meninas, chegaram quatro varões entremeados de três natimortos, um sentimento indescritível de perda. As crianças povoavam de alegria, mas também de muito trabalho e preocupação, a nossa vida. Aos poucos, fui me abandonando em função da dedicação à família e a relação com Rômulo foi ficando cada vez mais difícil.

Ao encontrar com ele, do outro lado, quero perguntar onde foi parar aquele noivo apaixonado que escrevia lindas cartas de amor? E aquele marido ardente que satisfazia meus desejos de mulher? Quando e por que deixamos de nos amar? Que motivos lhe dei para que tivesse tantos ciúmes? Por que sentia necessidade de me desvalorizar?

A verdade é que nossa vida foi se tornando um verdadeiro inferno. O tempo todo ele reclamava. Quando as crianças adoeciam, dizia que a culpa era minha; dizia que eu gastava muito; que a comida não estava boa; que eu era desorganizada; que minha família não prestava. Enfim, diariamente havia motivos para nos desentendermos. Claro que eu colaborei com isso tudo. Cobrava manifestações de afeto que ele nunca poderia me dar pelo simples fato de que na sua história, com as constantes perdas de mãe, de pai, de irmãos, não tinha aprendido a manifestar seus sentimentos. Queria que ele realizasse os meus sonhos ou que pelo menos sonhasse junto comigo.

Na verdade, os meus sonhos eram muitos e não cabiam nem no seu bolso e nem nos seus pensamentos. Sonhava em ter ao meu lado um homem carinhoso, sonhava com uma casa linda que, dentre outras coisas, tivesse uma capela, sonhava em viajar pelo mundo. Assim, queria que Rômulo suprisse todas as minhas carências e que entendesse minhas necessidades. Deixei também de valorizar devidamente o esforço que ele fazia para manter financeiramente a casa, a escola dos filhos, a comida boa no prato, as roupas, os brinquedos, os livros, as viagens. Lembro-me também que, durante anos, eu subtraía boa parte das aquisições do nosso já minguado orçamento doméstico para ajudar a prover a casa de minha irmã Francinha, que, nas crises de desemprego do marido, só contava comigo, além de seu próprio e insuficiente salário de funcionária do antigo IAPB para suprir as necessidades dos filhos que iam chegando um após outro até somar nove bocas. Era demais. E eu ainda queria que ele realizasse os desejos e os sonhos que eu teimava em alimentar.

Claro que tínhamos alguns bons momentos e eu reconhecia o bom pai que ele era, cuidadoso com a saúde, com a alimentação, com a segurança da família e sempre preocupado com a formação intelectual das crianças. Lembro-me com carinho daquilo que chamávamos de "ninhada de gatos". Nos finais de semana, dormíamos até mais tarde e pela manhã as crianças iam ocupando a nossa cama de tal forma que havia momentos em que os seis lá estavam, disputando um lugarzinho perto dele ou de mim. Ficávamos naquele ninho aconchegante e cheio de amor por muito tempo conversando, fazendo planos e brincando até que a fome de alguém falava mais alto e levantávamos para prepararmos um lauto café da manhã. Minhas lembranças também me levam ao nascimento de cada um de nossos filhos. Os dias que se sucediam a estes acontecimentos eram os mais felizes de nossas vidas. Era uma alegria só. Rômulo soltava fogos e me tratava com carinho. Parecíamos esquecer todas as nossas diferenças para brindar a vida. Era como um renascer da esperança que brotava na nossa relação. Escolhíamos nomes, sonhávamos profissões, projetávamos temperamentos e imaginávamos habilidades.

Hoje, após tanto tempo passado, ainda me pergunto: Por que, num ato extremo ele decidiu nos abandonar, abandonando a própria vida? Era vingança? Impotência para mudar o rumo da própria história? Ou foram os acontecimentos políticos do país e as incertezas do futuro que determinaram um ato tão violento? Me pergunto ainda que componente doentio o levou a optar pela morte em uma casa cheia de vida como era a nossa.

Naquele dia tenebroso, acordei às três horas da madrugada ouvindo gemidos. Não vi Rômulo ao meu lado na cama. Levantei-me e me deparei com a cena mais trágica que se pode imaginar. Um homem de 65 anos, de pijama e com seu roupão azul sentado em uma cadeira à cabeceira de uma mesa. Nela, havia tesoura, serra de pão, facas de vários tamanhos, gilete, canivete e outros objetos cortantes. O sangue jorrava por todos os lados, cobrindo o chão de um vermelho carmim que corria e se espalhava pela casa. Ao sair do quarto para ver o que acontecia, deparei-me com aquele espetáculo dantesco. Pensei que ainda estava dormindo e que deveria estar tendo um pesadelo. Só me dei conta da tragédia quando ouvi os gritos de meus filhos que também acordaram. Logo em seguida, chegaram alguns vizinhos que também foram despertados pelos pedidos de socorro de todos nós. Começou, então, a busca por médicos, ambulâncias, telefonemas, correria, gritos, lágrimas, limpeza da casa e apoio às crianças menores, tirando-as da cena.

Ao olhar melhor para aquele que parecia um animal ferido, soltando gemidos, pude perceber que Rômulo tinha a barriga aberta por uma serra de pão na tentativa de abrir mais o corte do qual o sangue escorria, deixando à mostra uma grossa camada de gordura. Além disso, o sangue esguichava de seu pulso, deixando marcas na parede. Ao seu lado, uma mensagem escrita em um pedaço de papelão retirado de uma caixa: "Não culpo ninguém. Suicidei-me golpeando os pulsos". Nesse momento, lembrei-me de outros suicidas e me dei conta de que nessa hora decisiva, covardia e coragem, loucura e lucidez se tocam como opostos que se complementam.

Desesperada, entrei na ambulância, coloquei a cabeça do meu marido em meu colo e o senti como um bebê desamparado. Sozinho no mundo. Pensei na mãe que morreu quando ele ainda tinha nove meses e o perdoei por todas as lágrimas que me fez chorar. Pedi a Deus que não o deixasse morrer. Prometi a São José, meu padroeiro, e a Virgem Maria que, se ele não morresse, eu iria cuidar dele sempre com muito carinho. Pensei também em meus filhos que ficariam órfãos: Maria da Glória já estava casada, Vitória estava terminando o Curso Normal e queria entrar para a Universidade no ano seguinte. E os meninos? Daniel tinha só oito anos; Paulo, dez; Sérgio, doze e Hamilton, quatorze. Como eu iria fazer para dar conta desses meninos sem a autoridade paterna?

Dias mais tarde, fui chamada à escola onde Daniel estudava. A professora disse que ele era uma criança muito emotiva, mas ela tinha percebido que, nos últimos dias, ele estava cada vez mais triste. Disse-me ela: "Outro dia estávamos cantando o hino Nacional e ele começou a chorar.

Chamei-o para conversar e dei-lhe parabéns por seu patriotismo, mas como ele continuava chorando todos os dias, achei que algo estava acontecendo". Não contei a ela a razão das lágrimas do meu menino, mas fiquei imaginando o trauma vivido por ele. Creio que a cena presenciada jamais sairá de sua cabeça.

As reminiscências daquele momento trágico me levam a uma reflexão feita por meu filho Sérgio as quais encontrei em meio aos papéis que trouxe junto à minha mala de hospital.

Na noite de meu pai

Casamento sem amor. Tudo o que havia no início, nas cartas primaveris, havia se diluído nos longos anos de convivência e escorreu por entre os dedos de dois corações secos, dissolvidos pela corrosão ácida de um cotidiano de necessidades, de seis filhos, de nove bocas para alimentar, educar e salvar de predadores de todo tipo que rondavam (sempre rondam) nossas tocas. Deitou cedo. Não logrou dormir um único momento daquela noite interminável, atormentado pela dor da doença e pelo sentimento da morte se aproximando, pela imensa interrogação sobre o futuro dos filhos, as duas mais velhas, mulheres, já estavam encaminhadas para a vida profissional. Os quatro meninos eram ainda adolescentes. Então, refletiu sobre sua longa vida de sexagenário. E viu. Viu que a sua luta de nacionalista convicto e que a teimosia digna em não se retratar diante de um general lhe custaram 50 dias a pão e

*água, preso no velho forte colonial da Ilha do
Mel, da baía Paranaguá, quando se insurgiu no
jornal que dirigia contra o golpe que instituiu o
Estado Novo, em 37. Viu que era a mesma ilha
onde anos mais tarde passaria a sua viagem de
núpcias quando então, já quarentão, deixara
a vida incerta das redações dos jornais pela
de funcionário público concursado para estar
permanentemente junto da família que constituíra
com uma bela mulher vinte anos mais nova.
Viu que seu sonho de nação soberana soçobrara
desgraçadamente com a imposição, em abril de 64,
da ditadura dos gorilas (era como ele tratava os
militares que agiam contra a nação) em prol dos
interesses da potência estrangeira que ele detestava.
Viu, ainda, nesta noite insone, seus quatro filhos
usados como escudo humano de um arsenal
de obuses montado na própria escola em que
estudavam pelas tropas golpistas que se dirigiam
para o sul com o objetivo de conter o governador
do estado que defendia a Constituição.
Viu que sua doença iria dilapidar as rendas
familiares (já distribuídas milimetricamente em
centavos) nas custas hospitalares necessárias para
prorrogar o desfecho de uma doença sem cura.
Viu as pensões deixadas pelos cargos que ocupara,
por mais de 25 anos, como suficientes para prover
a família na sua ausência. Não, não tinha seguro
de vida pois sabia que mesmo que o tivesse,
não haveria cobertura naquelas condições.*

Levantou-se, andou pela casa como um sonâmbulo, sentou-se à mesa de refeições e viu, viu que de todas as saídas do labirinto em que se encontravam seu corpo, sua alma, sua vida, seu país, a única que preservava o que era possível salvar de dignidade estava ali, bem à sua frente, numa serra de pão, cuja empunhadura que se afrouxara por anos de uso fora firmada fortemente com barbante e cola por um de seus filhos, o mais engenhoso, aquele que queria consertar todas as coisas que se estragavam, mas que não podia consertar a vida quando esta se estragava. Então, afastou todos os pensamentos e, como que mecanicamente, escreveu em um pedaço de papel de embrulhar pão: "Não culpo ninguém, suicidei-me golpeando o pulso". E eu nunca mais fui o mesmo.

Sérgio Faria

Depois de alguns dias de silêncio, chegou a hora de Rômulo receber alta e voltar para casa. Era um novo momento em nossas vidas. Ninguém sabia como se comportar. O choque de realidade tinha sido muito traumático para todos nós. Foram tempos intermináveis e muito sofridos para toda a família. Ele foi ficando cada vez mais calado, mais triste e mais fechado em seu mundo interior. Ninguém fazia perguntas e nem sabia como iria conviver com aquele que fora o poderoso chefe da família, o pai amoroso e o homem orgulhoso e íntegro. Agora, envergonhado e emudecido. Quando se encontrava nesse estado, meu cunhado Tadeu foi visitá-lo e foi o único que realmente o acalmou. Eles, que nunca tiveram uma conversa decente em vida, ao que parece, trocaram, próximo do ato de morte do Rômulo, palavras de compreensão e ajuda. Para nós, que estávamos mais próximos, o mais difícil foi conviver cotidianamente com ele como um suicida fracassado. Aquele que tentou e não conseguiu.

Quantos projetos de vida, quantos sonhos dissipados a partir daquele ato insano. Aos poucos, Rômulo, foi sendo curado das feridas que rasgaram seu corpo. No entanto, aquelas que fenderam nossas vidas jamais desapareceram.

Aqui, nesta cama de hospital, sem ter o que fazer o dia todo, fico relembrando e remoendo tudo que viveu a minha geração e a geração do Rômulo.

Tendo nascido em 1898, ele viveu os reflexos e as mudanças ocorridas no país com a queda da monarquia, o fim da escravidão e a proclamação da república. Penso nos temores que tomaram conta dele quando, aos 18 anos, teve que se apresentar para servir no Exército em plena Primeira Guerra Mundial. Na década de 1930, já como jornalista, foi preso, ficando 50 dias na Ilha do Mel por ter denunciado a Light por exploração de ouro nas cercanias de Curitiba. No jornal em que trabalhava, conclamou a população para fazer um protesto apagando as luzes da cidade. Pelo que me disse, mais da metade das casas atenderam à convocação.

Já casados, vimos nossas duas primeiras filhas nascerem durante a Segunda Guerra Mundial e vivemos juntos todas as incertezas e dificuldades do pós-guerra. Acompanhou à distância as atrocidades de Hitler e Mussolini e viu de perto muitas das violências desses facínoras se repetirem no Brasil durante o Estado Novo. Sua cabeça de democrata, patriota, nacionalista e humanista sofria profundamente ao pensar no futuro de suas filhas.

Mas, retomando os dias que antecederam àquela catástrofe familiar, meus pensamentos me levam ao ano de 1964. Era o dia primeiro de abril, Rômulo chegou com o jornal na mão. Logo em seguida, ligou o rádio. Como esse não era um hábito seu, perguntei o que estava acontecendo e ele me disse:

— Os militares tomaram o poder. Houve um golpe de Estado. O presidente João Goulart foi deposto. Dizem que ele é comunista. — Um pouco assustada, mas sem entender a situação, perguntei:

— Isso é bom ou ruim?

— Pode ser uma coisa ou outra. Só espero que não nos imponham, outra vez, uma ditadura. — Pelo ar de preocupação de meu marido, as crianças entenderam que alguma coisa muito séria estava acontecendo. Logo, todos foram dormir e a casa ficou em um silêncio que só era quebrado pelo som que vinha do rádio madrugada adentro. Um pouco mais de um mês depois, numa segunda-feira, dia seguinte àquele em que se homenageia as mães, decidiu morrer.

Na época, não liguei estes fatos. Entretanto, creio que são emblemáticos de um período de tantos sofrimentos e que podem ser correlacionados. A verdade é que muitos dias antes do golpe, eu já vinha percebendo coisas estranhas no comportamento de Rômulo. Ele sempre acompanhava os acontecimentos políticos do país e do mundo. Era muito comum na hora das refeições ou nos finais de semana tecer alguns comentários. Foi assim que comecei a pressentir que algumas coisas não iam bem no Brasil.

Depois que comecei a estudar e com a ajuda de meus filhos é que fui entendendo o que ocorreu no país naqueles dias que antecederam o golpe militar. Tudo isso pode ter influenciado a fatídica saída encontrada por Rômulo. O que me ocorre agora é que naquela casa onde antes residia a alegria, agora morava a angustia e o medo.

A tristeza e a depressão foram se agravando até que um ano e meio depois da tentativa de suicídio, num sábado à tarde, hora em que Rômulo deveria estar descansando, as crianças brincando ou envolvidas em outras atividades e eu preparando as guloseimas para o final de semana, ouvimos um movimento na sala e fomos ver o que acontecia. Encontramos meu marido subindo no sofá que ficava encostado na janela tentando pulá-la enquanto dizia coisas desencontradas que para nós não faziam nenhum sentido: "Eles estão chegando! Querem me prender! Vou me esconder! Vou fugir! Os comunistas querem me pegar!".

Estava muito pálido, transfigurado, tremia e aparentava estar aterrorizado. Vestia o mesmo roupão azul com o qual foi encontrado na madrugada da tentativa de suicídio. Diante da perplexidade da família, ele tentava fugir. Foi a primeira manifestação de demência após a tentativa de suicídio. Eu não sabia o que fazer para tentar acalmá-lo. Dei-lhe uma dose de Maracugina e fui ao vizinho telefonar para minha filha Maria da Glória e meu genro para que viessem me ajudar. Quando voltei, as crianças abraçavam e beijavam o pai dizendo que nada havia acontecido, que tudo estava bem e que ninguém iria prendê-lo.

Depois disso, Rômulo nunca mais foi o mesmo. Levamo-lo ao pronto-socorro. Tomou uma injeção e foi aos poucos se acalmando. Passou a tomar remédios controlados e foi ficando cada vez mais quieto e mais triste. A partir daí, teve repetidas crises e sua saúde foi se deteriorando. Meus filhos viviam aos sobressaltos sem saber o que podiam fazer. Ficávamos de plantão e com medo de que tivesse novos surtos. A situação foi piorando, os remédios pareciam não fazer efeito e fomos aconselhados a interná-lo. No hospital, após a primeira noite, o médico que o atendia chamou meu genro e disse que ele não poderia mais continuar ali pois aquele hospital não tinha condições de lhe dar um bom atendimento. Assim, recomendou o internamento na Clínica Psiquiátrica do Bom Retiro. Lá ele não poderia ter acompanhante, mas teria um bom atendimento. Assim o fizemos e na madrugada do dia seguinte, recebemos um telefonema da clínica comunicando que ele havia falecido. Havia tido uma trombose cerebral.

Hoje, mais distante dos acontecimentos daquele momento trágico, estabeleço relações entre o sofrimento vivido por ele na prisão durante a Ditadura Vargas e a possibilidade iminente da volta de uma ditadura em nosso país. Nos momentos de lucidez, ele me contava sobre o seu sofrimento nos 50 dias em que passou na prisão na Ilha do Mel. Antes dessa prisão, era editor-chefe de um dos jornais que havia criado. No editorial pelo qual foi incriminado, denunciava também as atrocidades do Estado Novo. Exigiram que ele se retratasse. Não o fez. Acho que também por isso foi preso.

Ao passar a limpo essas memórias, sofro e choro ainda ao lembrar do que vivemos no Brasil dos anos de 1960. Depois da morte de Rômulo, em 1965, a vida foi ficando cada vez mais difícil. Eu não trabalhava fora. A pensão que passei a receber da previdência pública, após décadas de contribuição de Rômulo, era insuficiente para sustentar meus filhos. Ele nunca havia feito um seguro de vida. Minha filha mais velha, Glória, era casada. Vitória acabava de entrar para o ensino superior. Fazia dois cursos, um em uma universidade pública e outro em universidade particular e, portanto, paga. Os quatro meninos, tinham idades entre 9 e 15 anos. Três deles estudavam no Colégio Militar que era também pago. Desesperei-me e pedi a Deus que me ajudasse a dar conta da minha missão.

Vitória, que já começava a dar aulas particulares desde a escola normal, nesse momento, ampliou o número de alunos. Durante o dia, lecionava para os filhos dos ricos e à noite, alfabetizava empregadas domésticas. Em seguida, começou a dar aulas também em um curso noturno. Mesmo assim, teve que abandonar a universidade particular. Todo o dinheiro que ganhava entregava para mim, para ajudar a manter a casa e os estudos dos irmãos. Fico pensando naquela minha menina generosa e trabalhadora de 20 anos assumindo tais responsabilidades e sinto até necessidade de pedir perdão a ela pelo peso que coloquei em seus ombros e que nem sempre soube retribuir. Eu era tão rigorosa que controlava todos os seus gastos, impedindo-a de usar até mesmo alguns trocados para que pudesse dar vazão às suas vaidades, como comprar um sapato, um vestido novo ou até mesmo um batom.

Além das questões financeiras, eu enfrentava outra ordem de dificuldades: criar quatro meninos, alguns já adolescentes, sem autoridade paterna era muito difícil. Aos poucos, eles foram se tornando rebeldes, com ideias próprias, mudando seus comportamentos. Isso, se por um lado era um orgulho para mim que os via crescer intelectualmente, por outro, trazia-me muito medo. Hamilton, o mais velho dos meninos, começou a aparecer com livros diferentes, com amigos estranhos. Sérgio e ele costumavam se trancar no quarto com esses amigos e ficavam por horas conversando não sei muito bem sobre o quê.

Um dia, Hamilton chegou do Colégio dizendo que havia sido eleito para um cargo na diretoria do grêmio. Outro dia, Sérgio contou-me que estava participando de uma peça de teatro denominada "Os Esquizofrênicos". Paulo descobriu na biblioteca do pai livros sobre nacionalismo e comunismo. Na margem dos textos de jornais arquivados por Rômulo, encontrou palavras, como tubarões e exploradores, referindo-se aos Estados Unidos e seus cúmplices locais que ele também chamava de entreguistas.

Envolvida nos afazeres diários, eu não conseguia acompanhar o processo de cada um. Ao revistar as malas de escola, além dos livros e cadernos, passei a encontrar roupas à paisana que meus filhos trocavam pelas fardas que usavam na escola. Antes, eles tinham orgulho das roupas de pequenos militares e agora pareciam envergonhados em usá-las. Tudo isso me causava estranheza, mas não podia imaginar que meus meninos pudessem estar se organizando para lutar contra a ditadura e envolvidos com organizações clandestinas. Até Daniel, recém-ingresso no Colégio Militar, já começava a acompanhar os irmãos mais velhos. Enfim, Hamilton conseguiu terminar o Colegial com brilhantismo, sendo orador da turma. Era o ano de 1966 e ele já era militante de uma organização de esquerda, como diziam meus filhos.

Naquela ingenuidade da qual só a juventude é capaz, acreditavam que poderiam mudar o mundo. E eu fui perdendo totalmente o controle da situação. Até que numa tarde de setembro de 1968, recebi a visita de um oficial próximo de minha família e chefe do serviço de orientação educacional do Colégio Militar. Ele veio me informar que eu deveria pedir a transferência imediata dos meninos para outra escola, caso contrário, eles seriam expulsos. Fiquei perplexa, desesperada. Não quis acreditar no que estavam fazendo comigo e com meus filhos. Tive ímpetos de sair gritando pelas ruas. Quatro anos antes, eu tinha ido em comissão para Brasília, sendo reconhecida como a principal responsável por conseguir audiência com o Presidente da República para que não acabassem com o Colégio Militar de Curitiba. Chorei, chorei muito. Eu que sonhava que meus filhos seriam grandes homens. E agora? Órfãos, pobres e expulsos do Colégio. O que poderia fazer? A quem pedir ajuda?

Constatei que estava só no mundo. Senti o verdadeiro significado da palavra solidão. Rezei muito. Pedi a Deus que me iluminasse e quando os meninos chegaram em casa eu não sabia o que dizer a eles: brigava? Batia? Apoiava? Diria que tinham me decepcionado ou que eu tinha orgulho de ser mãe deles? Conversava? Ouvia? Enfim, muitos sentimentos contraditórios tomavam conta de meu ser. Eu não sabia como defender o meu sonho. Eles se diziam injustiçados e que estavam apenas defendendo aquilo que acreditavam, que ainda seriam grandes homens. Afirmavam que tinham sido sempre bons alunos e que eu ainda teria muito orgulho deles.

Com o passar dos dias, fui percebendo que a saída do Colégio Militar tinha sido para eles um ato de libertação. Retomaram os estudos em outras escolas e se saíram muito bem nos colégios nos quais ingressaram.

Paralelamente aos estudos formais, entraram de cabeça no movimento estudantil, participando de manifestações, atos públicos, passeatas, panfletagens. Hamilton, já na universidade, cursando Ciências Sociais, era liderança no movimento dos calouros. Fazia parte de uma organização clandestina chamada Ação Popular (AP). Os jornais diziam que essa organização se inspirava na Revolução Chinesa e que defendia o comunismo. O grupo organizava passeatas, panfletagens, comícios relâmpagos e grupos de estudo em que discutiam a Teoria Marxista, a Revolução Russa e a Revolução Chinesa. Seu objetivo era livrar o Brasil da Ditadura e da submissão aos interesses dos Estados Unidos. E eu, que nessa época era apenas uma humilde dona de casa, sofria sem entender o que significavam as ações, a organização, aquelas revoluções e a tal Teoria Marxista. Tinha muito medo da palavra comunismo pois os jornais diziam coisas horríveis sobre ela. Mas o que mais me assustava eram as notícias de estudantes presos, torturados, mortos e desaparecidos.

Lembro-me de um dia terrível em que Hamilton me disse que estava sendo seguido pela polícia e que nossa casa estava sendo vigiada. Aos prantos, falou-me que se continuasse em casa poderia ser preso a qualquer momento e que podiam até desaparecer com ele ou matá-lo. Por essa razão, tinha que partir. Chorei a noite toda, rezei muito, pedi a todos os meus santos que me dessem força para suportar aquele momento. Dias depois, meu filho partiu e eu nem sabia para onde e nem podia recorrer a ninguém pois ele havia entrado na clandestinidade. Passei muitas noites sem dormir pensando nele. Onde estaria? Que perigos estaria enfrentando? Estará comendo bem? Onde? Com quem?

Enquanto isso, a repressão corria solta. Todos os dias, ouvia dos meus outros filhos notícias de prisões, desaparecimentos, torturas e mortes de opositores ao governo, muitos dos quais eram jovens que frequentavam a minha casa e que, como eles, lutavam contra a opressão e os desmandos no nosso país.

Fiquei muitos meses sem ter notícias do Hamilton. Quase enlouqueci. A quem recorrer? Busquei autoridades, políticos, militares, religiosos na busca por meu filho. As informações que tinha eram sempre controversas e desencontradas. E eu só sabia chorar e pedir a Deus que aquele pesadelo acabasse logo.

A louca do túnel de Março

Curva século
assim
está passando uma mulher
uma simples mulher
que devastou os teus subterrâneos
para permanecer na tua carne
na tua saliva
no teu ventre
e ensinar a grande vida que precisamos
É uma mulher
Loca de la Plaza de Mayo
Louca do túnel de Março
de meu País.

Hamilton Faria

3

De como sobrevivi aos Anos de Chumbo

Maldita enfermeira! Entrou no quarto bem na hora em que eu estava beijando o Roberto! E assim começou o meu dia: aferição de pressão, de temperatura, de oxigenação do sangue, de batimentos cardíacos, colocação do soro, comprimidos no copinho. Todos os dias é a mesma coisa e aqui não tenho nem o direito de dormir e de sonhar com o meu amado. Essa noite, tive um sonho lindo com ele. Sonhei que havíamos nos encontrado numa manhã primaveril, num bosque repleto de árvores floridas, e em nossa volta voavam milhares de borboletas azuis. Caminhávamos de mãos dadas e quem contava o maior número de borboletas ganhava um beijo. Foi num desses beijos que fui acordada pela enfermeira. Dizem que às vezes é possível dar continuidade a um sonho quando voltamos a dormir imediatamente após acordar. No entanto, a maldita enfermeira parecia não mais querer sair daqui. Quando ela ameaçou ir embora, chegou o café da manhã, depois a minha filha, em seguida, o banho, a limpeza do quarto e eu só querendo voltar a sonhar. Passei o dia todo pensando no Roberto.

Nos meus devaneios, sempre voltam as belas recordações que coleciono. Esse, sim, era o meu príncipe encantado que, por ironia do destino, apareceu em minha vida, fez eu me sentir jovem aos 50 anos, acenou-me com a possibilidade de ser feliz e, em seguida, desapareceu. Conheci esse homem em uma situação inusitada, improvável. Foi em 1970, um dos anos mais duros da Ditadura Militar. Mesmo na clandestinidade, Hamilton sempre arrumava uma maneira de enviar notícias, mas, naquele momento, ninguém sabia dele. Os próprios companheiros da organização já o tinham dado como desaparecido. Como uma leoa em busca de seu filhote, percorri todos os buracos; fucei todas as tocas; escarafunchei todos os porões; corri atrás dos generais mais poderosos; me armei de todas as minhas forças; afiei todas as minhas garras; lambi todos os coturnos; beijei todas as cruzes em busca de meu filho querido.

Depois de muito perambular por dias em Curitiba, indo de repartição em repartição, de quartel em quartel, delegacias, paróquias, dioceses e cúrias; conversando com gente da igreja católica, delegados, agentes e com militares do alto comando do Exército e do Departamento de Ordem e Política Social (Dops) e da Polícia Federal e mesmo rezando muito, me vi sozinha. Meu temor era de que ele tivesse sido assassinado como muitos de seus companheiros. Algumas autoridades me alertavam para o perigo que eu também corria. Se eu não me calasse, poderia também ser presa, torturada e morta. Decidi, então, ir para o Rio de Janeiro, cidade onde Hamilton vivera nos últimos tempos. Lá, reiniciei a minha busca e, como uma desvairada, dia e noite, percorri sem roteiros e sem mapas, caminhos desconhecidos. A cada novo amanhecer, depois de noites mal dormidas, eu seguia os meus instintos de mãe e conversava com pessoas estranhas, algumas até mal-encaradas, e abria meu coração na busca de alguém que pudesse me ajudar. Todos me desencorajavam. Percebi que naquele momento eu só podia contar com Deus e com os meus santos protetores.

Certo dia, desesperada, entrei em uma igreja no bairro do Catete e chorei muito pedindo a ajuda do Divino. Quando estava saindo dali, um senhor simpático veio conversar comigo querendo saber a razão de minhas lágrimas. Contei-lhe tudo sobre o momento terrível pelo qual estava passando e ele pacientemente me ouviu. Contou-me que era de São Lourenço, em Minas Gerais, e que estava de passagem pelo Rio de Janeiro. Convidou-me para tomar um chá em uma lanchonete próxima e passamos muito tempo conversando. Tinha a sensação de que eu já o conhecia de longa data, ele era um homem bonito e que parecia ser muito generoso. Logo, caminhando pelas ruas do Rio de Janeiro até o hotel em que eu estava hospedada, fomos descobrindo gostos e interesses comuns.

Bastaram mais alguns encontros para nos descobrirmos como almas gêmeas e apaixonados. Quando penso nesse amor, me vem à mente uma imagem que criei a partir da interpretação de uma das versões do mito grego do Hermafrodito, que era um ser constituído por um lado feminino e outro, masculino. Era belíssimo, perfeito, completo, redondo. Sua beleza incomparável despertou a inveja dos deuses e Zeus, então, cortou-o ao meio separando as duas partes. Assim, cada metade seguiu em frente vagando pelo mundo até que um dia se encontraram e juntaram novamente as duas partes. Roberto parecia ser a minha outra metade perdida no mundo que eu finalmente encontrava. Ele também manifestava o mesmo sentimento.

Nesses dias sofridos em que eu continuava a minha peregrinação incansável em busca de meu filho, ele foi o meu ponto de apoio. Foi ele quem me ajudou a suportar a dor de bater em todas as portas sem encontrar pistas e nem mesmo esperança. Quando já estava quase desistindo de minha busca, recebi um telefonema anônimo, no hotel em que estava hospedada, dizendo que meu filho estava preso e incomunicável. Sem mais informações, o telefone foi desligado. No limite do desespero e da loucura, continuei a minha busca até descobrir que ele estava preso no presídio político da Marinha na Ilha das Flores. Até hoje não sei o porquê e nem quem passou a informação telefônica. Seria algum agente arrependido? Um torturador subalterno, cansado de obedecer a ordens contra as quais temia se insurgir? Ou um espião que me vigiava dia e noite e que se humanizou ao ver meu sofrimento? Jamais vou saber.

Meu encontro com Hamilton foi emocionante, regado a lágrimas que saiam convulsivamente do mais profundo de nossas entranhas. Meu primeiro filho homem, que foi tão esperado e criado com tanto amor, agora estava ali, magro e abatido, nas mãos dos monstros que torturavam e matavam os jovens que ousavam lutar por um mundo melhor, mais justo e menos desigual. Foram muitas lágrimas e muita dor que explodiram naquele abraço. Visitei-o muitas vezes no presídio, mas chegou a hora de voltar, pois meus três outros filhos estavam na iminência de também serem presos em Curitiba.

Era também a hora de me despedir de Roberto. Despedimo-nos aos prantos, como dois adolescentes, com a promessa de encontros, cartas e de vida juntos. A nossa intimidade se resumiu a alguns beijos e abraços embora nos desejássemos loucamente como nunca havíamos desejado outra pessoa. O meu puritanismo e os meus preconceitos suplantaram o meu desejo de mulher. Que arrependimento! Nunca mais nos vimos. Trocamos algumas cartas nas quais fazíamos planos, falávamos da saudade e da expectativa sobre o nosso reencontro. Depois veio o silêncio. Parou de escrever. Tentei falar por telefone e não atendia. Fui a São Lourenço, mas não o encontrei. Escrevi muitas cartas e nunca tive respostas. Fiz mil conjecturas: Morreu? Era Casado? Foi tudo ilusão? Fingimento? Me enganou? Era um espião a serviço da ditadura? Em minhas fantasias, alimento até hoje o desejo de revê-lo, de abraçá-lo, beijá-lo, aconchegar-me em seu peito, de senti-lo por inteiro, com seu cheiro, seu corpo junto ao meu, unindo, finalmente, as duas metades que, eu acreditava, andaram pelo mundo na busca desse encontro.

Credo! Deus que me perdoe por essas bobagens que penso ou digo. Elas saem, às vezes, mesmo eu não querendo dizer. Sou católica, mulher honesta, não sou uma cambeva como essas que andam por aí, traindo o marido e desonrando a família. Mas nessas horas em que perco o controle sobre o que penso, me vêm à cabeça umas viagens esquisitas que eu logo esconjuro. Nunca disse essas coisas para ninguém. Entretanto, nesse momento da verdade, o que eu queria mesmo era me entregar de corpo e alma ao meu amado. Fazer com ele tudo que desejamos um dia e que não consegui realizar. Afasto logo essa ideia, acho que estou ficando esclerosada. Como alguém com 87 anos pode pensar nisso? Fico achando também que Roberto nem deve estar vivo e, se estiver, com quase 90 anos, não deve mais pensar nessas coisas e nem mesmo se lembrar que eu existo, e que poderíamos ter sido muito felizes juntos.

As coisas se confundem em minha cabeça. Estou me lembrando de uma coisa e de repente me aparecem outras imagens. Mas acho que tudo se relaciona. Lembrei-me, neste instante, de uma situação que vivi certo dia em que bebi um pouco mais do que meu limite habitual. Estava com Vitória e Hamilton conversando sobre outras encarnações e cada um falava do que achava que havia sido em outras vidas. Eu disse que na outra encarnação eu havia sido prostituta. Que loucura! Logo eu, que só estive na cama com um único homem, Rômulo. Não que eu não tivesse tido oportunidade. Eu tinha me tornado uma mulher bonita, atraente, de boa conversa. Sentia que despertava cobiça nos homens. E, na realidade, gostava de despertar esse sentimento. Eu era também muito vaidosa.

Quando fui para a Europa de navio com minha mãe, eu já era viúva e tinha 47 anos. O comandante do navio vivia me cortejando e várias vezes me convidou para tomar um drinque em sua cabine, para ver o funcionamento das máquinas ou ainda para observar as estrelas no convés. Claro que eu nunca fui.

Outro que se aproximou de mim, querendo uma aventura, foi o advogado que cuidou do inventário de meu marido. Várias vezes me fez elogios exagerados e em uma das ocasiões tentou beijar-me. Depois, vendo-me como mulher honesta, pediu-me em casamento.

E até quem quis se casar comigo foi meu velho tio Boaventura que era viúvo e não tinha filhos. Queria deixar todos os seus bens para mim. Fui assediada muitas vezes por ele e sempre fugia, procurando conversar sobre outras coisas e atribuindo essas suas investidas à confusão mental trazida pela velhice.

Quando estava nesses loucos devaneios que, às vezes, acho que é caduquice, chegou o Hamilton aqui no hospital. Ele veio de São Paulo para ficar comigo durante alguns dias. Contei para ele as minhas recordações daqueles anos cinzentos que vivemos. Rememorei com meu filho a angústia que vivi nas diversas vezes em que ele foi preso. Estou meio confusa. Não sei se são os efeitos dos remédios ou se essa conversa aconteceu mesmo. Mas, minhas lembranças são muito fortes. Parece que ainda vejo o Hamilton dizendo:

— Diversas, mamãe? A última prisão foi tão terrível que eu até havia me esquecido das anteriores. A primeira vez que fui preso foi em agosto de 1968, quando lutávamos contra a implantação do ensino pago nas universidades. Eu era liderança dos calouros. Foi nessa época que tomamos a reitoria da Universidade Federal do Paraná e derrubamos a estátua do reitor, reitor esse que, depois, como Ministro da Educação, foi responsável pela lei com seu nome que colocou na ilegalidade todas as entidades estudantis livremente organizadas, como UNE, Ubes e Centros Acadêmicos, substituindo-os por outros controlados pelas autoridades. Atiramos pedras e jogamos bolinhas de gude no asfalto para derrubar os cavalos da polícia montada. Uma verdadeira batalha campal. A massa ficou irracional. Teve até gente com coquetel Molotov. Foi naqueles dias que a repressão começou a recrudescer em Curitiba. Em outros lugares, naquela época, já havia episódios esporádicos de violência policial com motivações políticas.

Mas foi a partir de 13 de dezembro de 1968, quando o Presidente Costa e Silva decretou o Ato Institucional Número 5, que se instalou a verdadeira ditadura no país com prisões, torturas e mortes de todos aqueles que ousavam se colocar contra os atos do governo ou reivindicar seus direitos. Esse decreto deu amplos poderes ao Executivo, como o fechamento do Congresso, a censura nos meios de comunicação, as demissões no serviço público, as aposentadorias compulsórias de juízes federais que se colocaram em favor do direito e da justiça contra o estado de exceção, as prisões, as torturas e as mortes de estudantes, artistas, operários e jornalistas.

— Foi dessa vez que eu movimentei o quartel porque deixei chuchus para entregar a você, não é mesmo?

— Não, mamãe, essa foi a segunda vez, em 1969. Da primeira, me soltaram logo. Da segunda vez, fui preso pela Polícia do Exército e fiquei detido por 2 meses no quartel da Quinta Região Militar, na Praça Rui Barbosa. Nessa época, a senhora estudava e quase todos os dias, antes de ir para aula, deixava nas mãos do oficial de plantão alguma coisa para ele me entregar: cigarros, comidas ou roupas.

— Pois é, eu lembro do dia em que deixei os chuchus. Em minha sacola, eu levava bolinhos de bacalhau para você e chuchus para a minha cunhada que morava perto da escola. Eu estava muito nervosa pois naquele dia eu teria prova, por isso me atrapalhei. E, ao passar no quartel, troquei os pacotes e acabei deixando o de chuchu nas mãos do carcereiro. Só tomei consciência da troca ocorrida ao entregar para a minha cunhada um pacote com cheirosos bolinhos de bacalhau. Depois, fiquei sabendo que aqueles chuchus foram motivo de estranhamento e desconfiança por parte dos oficiais que acreditaram ser um disfarce para fazer entrar no quartel alguma mensagem ou algum objeto proibido. Conjecturou-se até que tivesse uma bomba dentro daquele legume. O chuchu foi examinado cuidadosamente e cortado em pedaços para averiguação. Já rimos muito dessa minha trapalhada. Para você, não deve ser muito fácil ter uma mãe como eu. Mas o bom é que na hora H, eu com esse meu jeito, meio doido, salvei a tua vida e a dos teus irmãos.

— Felizmente, naquela época, eles ainda não estavam batendo e torturando a torto e a direito como iria acontecer posteriormente, quando assumiu a chefia da Ditadura o "Carrasco Azul", empossado depois de ter chefiado o Serviço de Informação durante dois anos. Se fosse nos Anos de Chumbo, eu iria apanhar até morrer por não saber explicar porque uma mãe maluca deixa chuchus crus para seu filho preso. Daquela vez até me trataram bem. No dia em que fui preso, serviram-me um sanduiche de pão com margarina como jantar. Bendito sanduiche! Pois os papéis que eu tinha no bolso, contendo nomes de companheiros e locais de reunião, eu comi no meio do pão como se fossem fatias de queijo e ninguém percebeu.

Com o passar dos dias, fiquei muito deprimido. Dormia quase o dia todo e, quando acordado, escrevia poemas no papel higiênico. Quando saí da prisão, não fiquei em casa pois corria o risco de ser preso novamente. Fiquei escondido na casa de amigos. Vivíamos em uma total insegurança. Na organização, discutíamos como refazer a vida nesses tempos difíceis, para onde iríamos? Para o campo? Para as fábricas? Foi definido que eu atuaria no movimento estudantil em São Paulo. Lá fiquei clandestino por dois meses. De lá, fui mandado para o Rio de Janeiro. Engajei-me no grupo de agitação e propaganda da organização. Minhas atividades ali eram escrever denunciando a ditadura e fazer reuniões com estudantes e operários. Nessa época, participei também de encontros no Pará e no Maranhão. Fui de ônibus pela Belém/Brasília numa viagem que durava cinco dias, levando comigo grande quantidade de material subversivo. Eu era um menino e com muito medo estava assumindo grandes responsabilidades. Foi um período muito difícil. Não tinha documento legal. Usava nome falso. Havia dias em que eu não tinha onde dormir. Dormia muitas vezes na rodoviária, num banco de praça ou dentro de um ônibus. Em outros, não tinha dinheiro para comer. Fazia apenas uma refeição por dia. A organização estava sendo duramente perseguida com pessoas sendo presas todos os dias. Por vezes, perdia o contato com a organização e ficava desesperado sem saber que rumo tomar: clandestino e sem nenhum tostão no bolso.

No dia 20 de outubro de 1970, fui encontrar um companheiro num ponto determinado sem saber que ele tinha sido preso no dia anterior. Torturado, falou onde iria me encontrar. Quando cheguei no local combinado, vieram policiais de todos os lados Em seguida, prenderam outros companheiros e foram colocando um por cima do outro dentro da viatura em que eu estava. Um dos policiais falou: "Seus filhos da puta! Vocês deveriam estar comendo mulheres e não ficar com ideias de subversão, seus cubanos!". Levaram-nos para a Polícia do Exército, o DOI/CODI. De lá, dificilmente alguém saía vivo. Ali, foi tortura pesada e pensada cientificamente para destruir os opositores. Ficamos uma semana no corredor sem comer nada.

Quando resolveram me alimentar, eu estava tão fraco que não conseguia nem ao menos levantar uma colher. Nesse estado em que me encontrava, davam-me pontapés e muito choque elétrico. Sabe como é o choque elétrico, mãe?

Você fica de pé e vai caindo na vertical como se fosse uma árvore serrada. Vai direto para o chão. Era um inferno, uma coisa horrorosa. Era só gente chorando e gritando. Quando eu não conseguia esticar a perna, o soldado vinha e dava cacetadas que pareciam quebrar os ossos. Depois me colocavam no pau de arara. Dalí, levaram-me para o Centro de Informações da Marinha (Cenimar), na Praça Mauá, e de lá, fui para a Ilha das Flores.

— Credo, meu filho, como você sofreu e eu sem ter notícias. Enquanto você passava por tudo isso, percorri todas as instâncias do poder na esperança de te encontrar vivo. Ameacei militares dizendo ir à televisão, às rádios e aos jornais, denunciando as torturas. Alguém haveria de me ouvir.

— Pois é, mamãe, certamente foi por todo esse movimento que a senhora fez que não me mataram como a tantos outros companheiros nossos. Na Ilha das Flores, continuei incomunicável e permaneci durante um ano sem ver ninguém da família.

— Eu já tinha conversado com o Arcebispo de Curitiba, Dom Pedro Fedalto, que me disse não poder fazer nada pois setores da igreja também estavam sendo perseguidos. Sugeriu-me ir para o Rio de Janeiro e procurar pelo Arcebispo Dom Eugênio Sales. À época, eu ainda não sabia que ele era conhecido como o Cardeal da Ditadura por suas relações amigáveis com os poderosos. O dito não me bateu a porta na cara como fez com Zuzu Angel quando ela foi pedir que intercedesse no caso do seu filho, mas me disse apenas que nada poderia fazer. Recomendou-me que procurasse a Marinha. Fui ao Cenimar. Depois de insistir muito, disseram-me que tu estavas na Ilha das Flores, incomunicável. Como uma louca, gritei chorando: "Quero ver o meu filho. Se não me deixarem vê-lo, vou gritar ao mundo que vocês o mataram!" Dois dias depois, a tua incomunicabilidade foi quebrada. Tu vieste de barco da Ilha, escoltado, para me encontrar na sede do Cenimar.

— E eu sem saber o que iria acontecer quando me tiraram da ilha e me colocaram naquele barco. Imaginei que iriam me matar, lançando-me ao mar, ou que novamente seria torturado por aqueles bandidos. Quando me deixaram naquela sala onde a senhora me esperava, por mais que me esforce, não consigo dizer dos sentimentos que tomaram conta de todo o meu ser. Só sei que te abracei, te beijei, chorei convulsivamente, queria te colocar no colo, beijar tuas mãos, pedir tua bênção, pedir perdão pelo sofrimento que te causei e, sobretudo, te agradecer, pois tinha certeza que, pela segunda vez, eu devia a minha vida à senhora.

— Aqueles homens não imaginavam a força e a coragem de uma mãe. Tiveram que aprender, meu filho. A partir dali, comuniquei aos advogados e eles começaram a dar os encaminhamentos necessários, e eu, após algumas visitas ao presídio, voltei para Curitiba onde teria que enfrentar outros problemas com as prisões dos teus três irmãos.

A enfermeira entra no quarto, me dá um remédio, mede minha pressão e temperatura e, assim, interrompe minhas lembranças. Ainda tenho dúvidas se essa conversa aconteceu mesmo ou se sonhei. A verdade é que quando acordei, Hamilton não estava mais ali ao meu lado. Meio dormindo, meio acordada me vi novamente revivendo os meus dias de angustia.

Naquela sexta-feira 13, eu já havia retornado à Curitiba e chovia muito. Com o barulho da chuva e dos trovões, acordei cedo, coisa que não é comum pois durmo de madrugada após escrever o meu diário e, no dia seguinte, normalmente acordo tarde. Definitivamente não sou uma pessoa solar. Prefiro a noite. Acordei com um aperto no coração, um frio na alma e um calor no corpo, como se eu estivesse vivendo um estado febril. Como sou muito sensitiva, comecei a pressentir que algo de muito ruim estava para acontecer. Sexta-feira é sempre um dia cheio. Parece-me que todos os grandes acontecimentos escolhem esse dia para me deixar muito feliz ou muito desesperada. E quando é sexta-feira 13, então! Aí, eu posso esperar. Naquele dia, eu tive maus presságios. Tive a sensação de que espíritos nefastos estavam prestes a fazer seus estragos.

Ainda estava coando o café quando ouvi um bater de palmas em meu portão. Meu corpo todo foi tomado por um arrepio que me perpassava desde as pontas dos pés até o último fio de cabelo. Naqueles anos terríveis, em que vivíamos em sobressalto, qualquer coisa parecia nos anunciar uma desgraça. Depois de olhar pelas frestas das janelas e das portas, ouvi uma voz feminina me chamando e consegui identificar a figura da Marili, uma amiga muito querida de meus filhos. Ela estava à procura de seu irmão e precisava saber se ele havia dormido em minha casa, pois desde o dia anterior a família estava a sua procura. Respondi que ele não havia dormido lá em casa e que Daniel já havia saído para o trabalho. O aperto continuava, a sensação de fraqueza, de desmaio iminente, a opressão no peito cada vez tornava-se mais forte.

Em seguida, Vitória me telefonou convidando-me para ir ao cinema assistir a um filme sobre a vida de Tchaikovsky, filme que eu estava ansiosa para ver. Disse a ela que não iria, pois estava com o pressentimento de que algo muito trágico iria acontecer. Ela então me respondeu: "Que é isso mãe? A senhora vive imaginando coisas trágicas, talvez seja por isso que elas acontecem. Tira essa ideia da cabeça e vamos nos distrair ouvindo a boa música do mestre que a senhora adora!".

Fui para o tanque lavar roupas, mas não conseguia nem cantar como faço sempre que realizo esse trabalho. Uma lágrima teimosa insistia em deslizar por meu rosto e eu nem sabia o porquê. E assim foi passando o dia, quando o telefone tocou novamente e, ao ouvir a voz de minha filha, eu já fui dizendo: "Fala logo o que tu tens para me contar!". E ela, com voz trêmula, me respondeu: "Calma, mãe. Muita calma, vamos conversar. Não adianta desesperar, temos é que ser fortes e tomar as providências necessárias.".

Foi de forma cuidadosa e aos poucos que ela foi tentando me acalmar e contando que Daniel havia sido sequestrado pela polícia e levado algemado com um revólver na cabeça em uma viatura policial. Disse-me ela: "A sorte é que eu vi acontecer. Eu e meu cunhado seguimos o carro que corria imprudentemente pelas ruas da cidade na tentativa de esconder o local para onde se dirigiam. Conseguimos, com muita dificuldade, saber para onde ele foi levado e vamos agora conversar com um advogado para saber o que devemos fazer.". Logo após desligar o telefone, com as pernas tremendo, tomei uma dose de Maracugina e fui para o meu oratório pedir ao Sagrado Coração de Jesus que protegesse meu filho e que me mostrasse qual caminho eu deveria seguir. Naquela época, Vitória era então diretora do Colégio Tuiuti, local onde Daniel também trabalhava e no qual fora preso naquela tarde, aos dezesseis anos de idade.

Eu nem havia ainda terminado de rezar o terço e já um carro buzinava na frente de minha casa. Era dona Lídia, esposa de um Coronel, que, por razões de parentesco, frequentava nossa casa. Vinha me contar a história que eu já sabia e me alertar para que eu nada fizesse. Dizia: "Seus filhos erraram, agora têm que pagar por isso. Eles são culpados e você não deve fazer nada pois está correndo o risco de também ser presa. Fique quieta, pois dizem que você é louca. Não faça nada, pois o Daniel poderá sofrer as consequências das tuas atitudes. Basta o Hamilton de cuja situação você já complicou bastante".

Nesse momento, fui ríspida com ela e gritei a altos brados para quem quisesse ouvir. E eu queria que o mundo inteiro ouvisse: "Sempre serei a favor dos meus filhos e ninguém poderá dizer que eles estão errados. O futuro dirá quem são os culpados e eles entrarão para a história como vítimas e heróis". Voltei para dentro de casa aos prantos, gritando, batendo a cabeça contra as paredes. Sentia raiva de meus filhos por me fazerem passar por isso e, ao mesmo tempo, um grande amor por eles, além do desejo incontido de fazer alguma coisa. Mas me sentia com as mãos atadas. Nessa hora, já conseguia imaginar a tragédia que seria se eu também fosse presa. Fiquei desesperada. Liguei para Maria da Glória, cujo marido era advogado. Ele me orientou também a não fazer nada. Como não fazer nada? Meu filho caçula, o meu menininho, havia sido sequestrado e preso. Não fosse a fé que tenho em Deus e a esperança de que a dignidade e a verdade triunfassem um dia, seria preferível a morte do que aquela existência atribulada e cheia de amarguras que eu vivia naquela época.

Foi com esses pensamentos que, após tomar um remédio para me acalmar, consegui dormir. Vivendo essa situação crítica, essa insegurança que me fazia adoecer, acordei no dia seguinte em sobressaltos com a notícia de que Paulo também tinha sido preso no seu local de trabalho e de que Sérgio havia sido intimado a se apresentar no Dops. Naquela mesma tarde do dia 28 de agosto de 1971, Sérgio também ficou detido. Não bastasse o Hamilton preso na Ilha das Flores, agora eram os meus quatro filhos. Não sei mesmo como não morri ou enlouqueci. Minha casa, que sempre vivia cheia com os meus filhos e seus amigos, agora estava num silêncio sepulcral. Passei a conversar sozinha, dentro de casa, falava com as paredes, chorava sem saber o que fazer.

Daniel acabou sendo liberado após quatro intermináveis dias. Embora não tenha sido torturado fisicamente, sofreu tortura psicológica. Foi obrigado a assistir a uma bárbara seção de tortura de um companheiro e foi também alertado pelos seus algozes de que todos os seus passos seriam seguidos e que ele deveria me mandar calar a boca, pois, caso contrário, eu também seria presa. A maior parte das torturas ocorridas naquela época, foram praticadas nas dependências do Grupo de Investigações Criminais (GIC) da Polícia do Exército (PE) que ficava nos porões do Quartel da Praça Rui Barbosa. Mas as operações foram conduzidas pelo infame DOI/CODI desde o momento das prisões e sequestros dos militantes. Anos depois, esse Quartel foi transformado em um Centro Comercial Popular, talvez como forma de destruir os marcos materiais da memória. Foi lá também que um aluno da Vitória, soldado da Polícia do Exército, passou um lápis e um pedaço de papel para o Sérgio, no qual ele comunicaria à família onde ele e os irmãos estavam presos. Pouco tempo depois, eles seriam encapuzados e levados escondidos para uma delegacia de bairro.

Mais medo ainda tive quando, no dia seguinte, ao atender aos Correios, encontrei uma carta anônima com ameaças a mim e a meus filhos. Nessa carta, eu era tratada como "louca, comunista e assassina". Acusavam-me até de ter matado meu marido. Ameaçavam-me de todas as formas e diziam que a minha vez estava chegando. Fiquei mais desesperada ainda.

Foi assim que Vitória me encontrou e disse que eu teria que me esconder, sumir de Curitiba. Levou-me para a sua casa e cuidou de mim durante uma semana. Depois, trouxe também o Daniel para ficar em sua casa. Enquanto isso, outras mães, menos marcadas pela repressão, buscavam formas de descobrir onde estavam nossos filhos. Lembro-me do dia em que dona Maria, mãe do Pedro Airton Zimermann, a partir de uma estratégia utilizada pelos meninos presos, conseguiu quebrar a incomunicabilidade do grupo. Lá estavam detidos, além de Paulo, Sérgio e Pedro Airton, muitos outros jovens, como Gildo Scalco, Roberto Langue, Rui Staub, Ivo Tonet e Osvaldo Kalzavara.

Na carceragem da delegacia, havia alguns agentes da Polícia Civil encarregados de cumprir as determinações da Polícia do Exército. Eles eram simpáticos aos garotos e talvez, até mesmo, à causa que defendiam. Assim, quando não haviam superiores por perto, eles conversavam com os presos, facilitavam algumas coisas e faziam favores, como comprar cigarros ou fósforos. Foi num desses dias que os meninos pediram para o mais amigável de todos comprar pão em uma padaria próxima. Na nota fiscal estava o nome da padaria e seu endereço. Assim, descobriu-se em que local eles estavam encarcerados. Era uma delegacia no Bairro Santa Quitéria. Não sei como e nem por quem dona Maria recebeu aquele endereço, mas juntou rapidamente um grupo de outras mães e, do outro lado, do alto muro da Delegacia, gritavam o nome dos meninos presos. Foi a partir daí que os advogados, ao saber onde estavam, começaram a agir quebrando a incomunicabilidade de todos. Mesmo assim, foram 54 dias de prisão nas mãos de facínoras, assassinos e torturadores. E eu, desesperada, atemorizada e silenciada, chorava noite e dia. O que mais me entristeceu foi a certeza de que tinham sido presos injustamente e ainda teriam que responder a processo na Auditoria Militar de Curitiba.

Depois de muito sofrimento, parece-me que a ação do juiz auditor, que fora depois afastado da função por sua "parcialidade" sob a alegação de que facilitava as absolvições em quase todos os processos que presidia, deva ser lembrada como um tributo àquele homem que pôs em risco sua carreira para livrar os perseguidos de mais violência. No dia em que meus filhos foram apresentados pela Polícia Federal em juízo, imediatamente ele decretou o relaxamento das prisões e o direito de responderem em liberdade. A decisão final ficou para o ano seguinte.

Estranhamente junto às dores físicas que me trouxeram a esse hospital, voltam todas as dores que ficaram marcadas em minha alma como feridas nunca curadas que sangram todas as vezes que revivo essas lembranças.

Depois que foram soltos, Sérgio e Paulo me contaram o que sofreram no cárcere e eu tinha a impressão de estar ouvindo o relato de um filme de terror. Foi naquele momento que prometi a mim mesma que tudo faria para que essa ditadura feroz fosse derrubada e que a legitimidade da luta dos meus filhos fosse publicamente reconhecida. Pedi a Deus que os algozes fossem castigados: roguei pragas, desejei a morte deles, além de dias de sofrimento semelhantes àqueles que meus filhos haviam vivido. Como foi dolorido ouvir Sérgio e Paulo contarem sobre o dia em que foram presos pelo Dops e que passaram a primeira noite inteira sem dormir, em pé, algemados numa grade e desagasalhados. Era uma noite fria, daquelas que ocorrem em Curitiba no final do inverno. Os soldados que os vigiavam, por cima de suas jaquetas se agasalhavam com cobertores. Passaram fome e frio. Foram tratados como bandidos.

Paulo foi seguidamente torturado recebendo choques elétricos, socos na barriga e telefone (tapas e pressão violenta nos ouvidos). Mandaram-no sentar e retiraram a cadeira fazendo-o cair no chão. Outros foram também vítimas das mesmas técnicas de tortura. Um deles chegou a tentar o suicídio. Após enfrentar oito horas de pau de arara, acabou cortando os pulsos com uma lâmina que os torturadores deixaram na sala de tortura ao saírem para jantar. Foi levado às pressas para o Hospital Militar e, recuperado, dias depois voltou a ser torturado para que confessasse os nomes de outros envolvidos.

Fico imaginando quantos jovens sofreram para que aqueles monstros conseguissem o que pretendiam. E o que pretendiam? Acabar com qualquer organização que pudesse se opor ao governo, ou seja, à Ditadura Militar que havia se instalado no país. Para tanto, buscavam encontrar a ligação do movimento estudantil no Paraná com a Vanguarda Armada Revolucionária Palmares (VAR-Palmares), organização engajada na luta armada. Como chegaram até meus filhos? Eles, como os demais jovens que ali estavam presos, tinham vínculos sociais com militantes daquela organização, que haviam conhecido na escola ou o no movimento estudantil. Embora a Ação Popular (AP) não tivesse ligação orgânica com a luta armada, essa foi a ponta da meada para que conhecessem mais sobre a atuação do grupo da AP no movimento universitário e secundarista no Paraná.

Quem veio conduzir as investigações da VAR-Palmares em Curitiba foi um agente do Cenimar. Era um cara violentíssimo, que disse à viva voz que havia matado Carlos Lamarca no interior da Bahia. Mostrava orgulhosamente uma bala de fuzil presa a um chaveiro e dizia: "Essa bala eu meti na cabeça do Lamarca". Entretanto, os depoimentos eram colhidos por um sargento sádico do DOI/CODI. Depois de meus filhos, várias outras pessoas que faziam parte da AP também foram presas.

Finalmente, depois de muito sofrimento e graças à ação de grandes advogados, foram todos absolvidos. E aí surgiram novos problemas físicos, psicológicos e materiais. Meus filhos perderam seus empregos e tiveram grande dificuldade para reorganizarem suas vidas. Foram libertados da prisão, mas viviam de pés e mãos amarrados, com os fantasmas a lhes perseguirem durante muito tempo. Os anos que seguiram também foram tempos terríveis pois a Ditadura Militar ainda continuava a manchar com sangue e lágrimas o nosso país.

Paralelamente às prisões, às torturas e aos assassinatos realizados pela Ditadura Militar a partir de 1968, algumas organizações, como a VAR-Palmares e a Aliança Libertadora Nacional (ALN), passaram a resistir aos ataques do governo e das forças armadas assaltando a bancos, para garantir recursos, e sequestrando embaixadores estrangeiros, na perspectiva de trocá-los por presos políticos. Hamilton, conviveu com muitos desses presos na Ilha das Flores e os viu partirem para o exílio após terem sido trocados pela libertação dos embaixadores dos Estados Unidos, da Alemanha, da Suíça e de outros países. Se, por um lado, esses embates faziam a ditadura recrudescer, por outro, levou a um fortalecimento das forças de esquerda que, principalmente, a partir de meados da década de 1970, passaram a lutar pela redemocratização do país. Formaram-se comitês no Brasil e no exterior na defesa de uma anistia ampla geral e irrestrita. Foi assim que organizações de mulheres, sindicatos e associações da sociedade civil voltaram às ruas em grandes mobilizações clamando por anistia. Toda essa movimentação popular culminou com a Lei da Anistia, em 28 de agosto de 1979.

A Lei concedia anistia a todos os que cometeram os então considerados crimes políticos e aos que tiveram cassados seus direitos. O projeto do governo atendia apenas a parte das reivindicações dos interessados porque excluía os condenados por atentados terroristas e favorecia também os militares e os responsáveis pelas práticas de tortura.

Embora eu considerasse muito importante e necessário o reconhecimento da inocência de meus filhos, depois que fiquei sabendo que anistia quer dizer perdão e esquecimento, comecei a pensar e a me perguntar sobre o significado dessa palavra: de quais crimes meus filhos deveriam ser perdoados? O que teria que ser esquecido? Com aquela Lei, os verdadeiros criminosos, aqueles que prenderam, torturaram e mataram inocentes, foram perdoados? O que aconteceu nos anos da ditadura será esquecido? E, assim pensando, cheguei à conclusão de que não podemos esquecer as atrocidades cometidas pelo Estado e que os verdadeiros culpados ainda terão que ser punidos. Como sou muito religiosa, sempre penso que se esses bandidos não forem castigados pelas leis dos homens, eles serão julgados e condenados pela Justiça Divina.

Quem foi Julíbia, essa personagem que marcou fortemente a nossa vida e o nosso imaginário, essa cigana sonhadora e desvairada que queria conhecer o mundo e que foi, ao mesmo tempo, uma humilde dona de casa e alguém que participou de uma grande história; inteira, espontânea, vital? Quem foi essa pessoa?

Ela tinha alguma coisa de muito normal e de muito incomum. O incomum é que ela representava algo diferente na sociedade curitibana. Ela veio de outro lugar e trouxe consigo em sua bagagem um tripé civilizatório, constituído do negro, do índio e do branco. Isso não é muito comum numa sociedade formada predominantemente por imigrantes brancos de origem europeia. Ela carregava uma coisa muito forte que é o transbordar. Ela transbordava. Sempre estava conversando com alguém, contando histórias e casos. Sempre tinha algo para oferecer: uma palavra, um ombro, um conselho, um prato de comida, uma balinha, uma pedrinha.

Julíbia trouxe para dentro de casa a energia das três raças. Ela é a própria simbiose civilizatória. Veio da cultura caiçara, açoriana e dos pretos africanos. A formação desse berço étnico e cultural deu a ela essa alma viajante dos artistas, a alegria e o sonho.

Daniel Faria

4

Minha alma bailarina viaja pelo mundo

Pela madrugada, as dores voltaram a me atormentar. Minha neta, Mariana, que é estudante de Medicina, passou essa noite comigo. Ela chamou a enfermeira e recebi uma forte dose de analgésicos. Fiquei sonolenta, naquele estágio entre o sono e a vigília. Muito estranho... parece que estou flutuando. Tenho a impressão de que ganhei asas, saí do hospital e sobrevoei a cidade.

Acordo com uma imensa vontade de sair daqui, ir até minha casa, colocar algumas peças essenciais em minha maleta e sair por aí, levada por minha alma bailarina. E nesse torpor insano, começo a rever as imagens de lugares que visitei, de caminhos que percorri quando decidi ganhar asas, sem a companhia de Rômulo, e, muitas vezes contra a sua vontade, viajar.

Comecei visitando minha mãe que então morava em Florianópolis com meus dois irmãos solteiros e uma neta. Embora essas viagens me trouxessem uma sensação de liberdade, saindo das rotinas de casa, também me traziam muita angústia ao acompanhar de perto a triste vida de minha mãe. Além de graves problemas de saúde, ela convivia diariamente com dois filhos alcoólatras que lhe causavam sobressaltos permanentes. Quando estavam em casa, brigavam o tempo todo. Quando saíam, ela nunca sabia como iriam voltar. Nessas idas a Florianópolis, sempre levava meus filhos. Passávamos as manhãs nas praias. À tarde, íamos ao cinema ou passeávamos pela cidade.

No torpor trazido pelos remédios, viajar é ainda mais agradável. Sem o peso do corpo, só o espírito livre, aproveitei.

Depois, quis rever Laguna, minha cidade natal. Quando lá chegava, me transportava à minha infância, quando morava no Campo de Fora. Lembro da nossa casa humilde, com crianças brincando no quintal e eu as observando de longe. Tinha muita dificuldade de entrar nas brincadeiras em função das minhas limitações de saúde e da superproteção da família. Na maior parte do tempo, eu ficava dentro de casa, acompanhando minha mãe nas tarefas domésticas ou sentadinha, ao seu lado, enquanto ela pedalava na sua máquina de costura, o ganha-pão diário. Papai, por sua vez, quando estava em casa, lia, escrevia, compunha músicas e tocava os diversos instrumentos que possuía. Algumas vezes, atuava também como rábula. Quando saía de casa, era para beber com os amigos. E, não raras vezes, voltava embriagado. Eu, nessa época, já achava aquilo tudo muito injusto e me lembrava da história da cigarra e da formiga.

Laguna, me fazia lembrar a infância e os primeiros anos da juventude. A primeira vez que voltei à minha terra, fui acompanhada de meus filhos que gostaram tanto da cidade e, sobretudo, das praias que todos os anos queriam revisitá-las. Nas primeiras vezes que fomos a Laguna, ficamos hospedados na casa de meu tio no centro da cidade. Depois, comprei uma casinha muito simples, em um bairro não muito distante da praia. Para chegar ao mar, atravessávamos um verdadeiro deserto de areia que, ao sabor do vento, formava altas dunas as quais pela movimentação das crianças viravam divertidos tobogãs. Ali, também, vivenciavam cenas que ora lembravam filmes de aventureiros sedentos perdidos num deserto sem fim; ora cemitérios de zumbis que enterrados na areia se levantavam para atormentar os passantes.

Adorava essas viagens que eram um descanso para mim. Um dos lugares que eu mais gostava era a Fonte da Carioca, um lugar paradisíaco, ao pé de um morro encantado com uma imensa estatua da Virgem Maria no topo que parecia abençoar toda a cidade. O lugar era repleto de frondosas árvores, habitadas por passarinhos e por lindas borboletas azuis. Pedrinhas brancas no chão, brilhavam à luz do sol. Mas, o mais esplendoroso desse lugar era mesmo a fonte que jorrava uma água saborosa, transparente e geladinha que nos saciava após longas caminhadas morro afora, quando voltávamos da praia. Essa linda paisagem terminava em um belo casarão.

Esse lugar foi palco de um acontecimento que até hoje mexe com minha imaginação. Foi ali que Giuseppe Garibaldi conheceu Ana Maria de Jesus Ribeiro, a famosa Anita Garibaldi, conhecida como Heroína dos Dois Mundos. Anita casou-se muito cedo com um sapateiro da cidade, satisfazendo o desejo de seu pai. Era o ano de 1835. Três anos depois, indo buscar água na Fonte da Carioca, conheceu Garibaldi. Era um italiano forte, corajoso e bonito por quem se apaixonou perdidamente desde que o viu pela primeira vez montado em seu cavalo.

Essa história, para mim, tinha um sabor de fotonovela. Eu até fantasiava o cavalo de Garibaldi: branco e lindo. Imagino ele...

Desde criança, ouvia meu pai contar que Garibaldi, capitão da Marinha Mercante italiana, havia participado de um dos movimentos para unir a Itália sob a forma de República e, por esta razão, foi perseguido e veio exilado para o Brasil. Chegando aqui, em plena Guerra dos Farrapos, por seus ideais republicanos, juntou-se a Bento Gonçalves no movimento que surgiu no Rio Grande do Sul. Durante a Guerra dos Farrapos, tomou a cidade de Laguna, em Santa Catarina, e fundou a República Juliana, que teve aquela cidade como capital, por quatro meses. Perseguido, fugiu para Montevidéu levando consigo a sua amada Anita, que bravamente lutou a seu lado em guerras ocorridas também no Uruguai. Depois, seguiram para a Itália onde novas batalhas os esperavam. É conhecido como Herói dos Dois Mundos por ter participado de conflitos na América e na Europa. Eu soube dessa história com mais detalhes quando meus filhos me explicaram.

Desde criança, passei a admirar esse casal guerreiro e revolucionário por suas ideias e por sua coragem. Entretanto, sempre me perguntava sobre a minha incoerência em relação a Anita pois, de acordo com meus valores, eu deveria achá-la uma mulher perdida. Naquela época, uma mulher casada que abandonasse o marido, fugindo com um aventureiro, pegando em armas e lutando contra as forças do imperador só poderia ser excomungada. Era considerada uma vagabunda pois lugar de mulher era em casa cuidando dos afazeres domésticos e sendo fiel ao marido. No entanto, sempre a admirei. Era minha heroína predileta e minha inspiração.

Continuo sonolenta, deve ser por causa dos fortes remédios que me injetam o tempo todo. No entanto, como houve um grande alívio das dores, voltei a lembrar de minhas viagens.

Na década de 1960, quando meus filhos ainda estudavam no Colégio Militar, durante o governo João Goulart, houve uma ameaça de fechamento do Colégio. Algumas mães de alunos organizaram uma comissão para ir até Brasília pedir ao Presidente a continuidade da escola. Essa viagem foi para mim a confirmação do meu valor como cidadã, não apenas como mãe e dona de casa, mas como negociadora intransigente, que sabia argumentar sem medo de enfrentar autoridades, de forma desinibida e franca. Por essas minhas qualidades recém-descobertas, fui reconhecida pelo grupo de mães como uma das mais capazes de ir até o Presidente e falar de nossas reivindicações.

Foi nessa viagem também que pude pôr à prova os meus poderes místicos e o prestígio que tinha com Nossa Senhora de Fátima. Por vários dias, tentamos conseguir uma audiência com o Presidente e, enquanto aguardávamos um sinal do palácio para sermos recebidas, as outras mães iam fazer compras e passear. Eu me refugiava na igrejinha de Nossa Senhora de Fátima e pedia a ela para que iluminasse o Presidente e amolecesse seu coração para que o Colégio pudesse continuar. Em um desses dias, encontrei na Igreja uma senhora que, depois de ouvir toda a história de fechamento do Colégio, aconselhou-me a ir em um programa de rádio e fazer um apelo para que Jango nos recebesse. Seguindo seu conselho, fui até a rádio que fora sugerida e consegui que eu e mais uma das mães fôssemos entrevistadas.

No dia seguinte, quando já estávamos prestes a regressar para Curitiba sem conseguir a audiência com o Presidente, recebi um telefonema, no hotel em que estava hospedada, diretamente do Palácio do Planalto, dizendo que o Presidente iria me receber. Imediatamente, entrei em contato com outras mães para nos prepararmos para o grande dia. As madames foram ao salão de beleza para arrumar o cabelo e fazer as unhas para o momento triunfal. Eu, na minha simplicidade, voltei a rezar, me abracei à cruz de madeira que carrego em todos os lugares por onde ando e pedi novamente ajuda a Nossa Senhora de Fátima. E lá fomos nós. Adorei o Presidente, homem simples, simpático que nos escutou com atenção e após ouvir nossos argumentos, disse: "Pedidos de mães têm que ser ouvidos com muita atenção, farei o possível para atendê-las". A conversa foi tão natural e correu tão solta que, ao final, eu não me contive e disse a ele que tinha duas perguntas a lhe fazer:

— Presidente, ouvi falar que o senhor é filho de Getúlio Vargas, isso é verdade? É verdade, também, que o senhor é comunista?

Ele olhou-me surpreso e apressou-se para as despedidas, sempre com um sorriso nos lábios. Quando voltamos para Curitiba, recebemos a notícia de que o Colégio Militar continuaria a cumprir suas funções em nossa cidade.

Tenho orgulho dessa história e fiquei bem tentada a pedir a atenção de Mariana para dividir com ela essas lembranças, mas com certeza já lhe contei isso tudo em outras ocasiões.

Essa viagem foi reveladora de outros sentidos. Visitando a amiga de uma das mães, em Brasília, descobri que tenho um alto grau de mediunidade. Naquela casa, aconteceram fatos estranhos, como o voar de objetos e a quebra espontânea da minha cruz de madeira, que sempre me acompanhou. Depois desse dia, em que se partiu, ela nunca mais foi colada mesmo usando todos os tipos de cola existentes no mercado. Essa viagem me possibilitou também conhecer a capital do país com sua arquitetura extraordinária, seus jardins maravilhosos e suas avenidas imensas.

Após a morte de meu marido, usei o pouco da herança que me coube, pela venda de uma chácara que havia pertencido à sua família, para realizar o meu sonho de conhecer a Europa. Mas tenho certeza de que fui merecedora dessa recompensa pois tive que desenrolar novelos e desatar nós para encontrar herdeiros e convencê-los a vender aquele patrimônio. Imagino até que essa porção de terra meu sogro tenha recebido do Conde d'Eu por serviços prestados por ele uma vez que deixou sua carreira de funcionário público bem-sucedido para tornar-se encarregado dos latifúndios do Príncipe Consorte no Paraná.

Sorrio pensando que o Conde d'Eu é mais um personagem histórico povoando minhas memórias de velha.

Essa chácara levou mais de 40 anos para ser vendida. Havia sido objeto de disputas e imbróglios jurídicos por parte de seus herdeiros. Cada vez tornava-se mais difícil entrar em acordos para garantir a possibilidade da venda do tal imóvel que, com o passar dos anos, foi sendo cada vez mais valorizado. Ao mesmo tempo, surgiam novos herdeiros, em função das mortes de uns e do nascimento de outros. Coube a mim resolver esses problemas pois eu era a maior interessada na venda, já que, junto com meus filhos e netas, filhas da Maria da Glória, detinha um terço daquele espólio. Assim, fui buscando assinaturas, recebendo procurações, discutindo com advogados, procurando herdeiros e, para tanto, viajando para várias regiões do Brasil em busca de parentes, em uma época em que os meios de comunicação eram bastante precários e que ainda não havíamos nos apropriado das novas tecnologias.

Depois de muitas dificuldades, consegui o dinheiro para a viagem e o sonho que eu havia acalentado por toda a minha vida enfim foi realizado, ou seja, atravessar o Oceano Atlântico e ir em busca do Velho Continente. Levei comigo minha mãe para, de certa forma, recompensá-la por todas as amarguras que vivera ao longo de sua vida. Era um sonho meu, mas que eu desejava dividir com a pessoa que eu mais amava. Viajamos em um grande navio, o Eugênio C. Na travessia do Oceano, não pude deixar de lembrar do marinheiro que havia povoado os meus sonhos de menina. Lembrei-me das histórias contadas por ele sobre o que havia depois da última onda, bem como das histórias contadas por meu pai.

A travessia foi emocionante. O navio era muito luxuoso com seus teatros, restaurantes, bares, áreas de lazer com piscinas e jacuzzis, salas de jogos e de ginástica. A sensação de estar no meio do oceano me fascinava, às vezes, também me dava medo. Lembrei muito do Titanic e ficava imaginando o que aconteceria se houvesse um naufrágio. Será que o Eugenio C estava suficientemente equipado para salvar os mais de mil passageiros que ali se encontravam?

Durante 45 dias, visitamos vários países da Europa e também do Oriente Médio. Chegar à Terra Santa era meu objetivo principal. Foi maravilhoso conhecer Portugal, Espanha, Suíça, Itália, Grécia, Holanda. Nesses países, visitei os maiores museus do mundo e me vi deslumbrada diante das obras dos grandes mestres. Em Florença, caminhei pelas ruas impactada pela história, a cidade havia sido transformada em um museu a céu aberto. Em Roma, assisti à missa no Vaticano, recebi a benção do Papa e chorei de emoção ao entrar na capela Sistina. Em Veneza, dei comida aos pombos, naveguei pelos canais que cortam a cidade e ainda esbarrei em condes e condessas, duques e duquesas com maravilhosas máscaras e vestidos luxuosos anunciando a proximidade do seu carnaval, famoso em todo o mundo. Em Milão, vesti-me em traje de gala para assistir a uma ópera no Teatro Scala, que havia sido mais um dos meus intermináveis sonhos desde a juventude, quando eu ainda queria ser cantora de ópera. Conheci línguas diferentes, convivi com uma diversidade de hábitos e maneiras de viver que me desafiavam o tempo todo.

Entretanto, o mais interessante dessa viagem foi conhecer a Terra Santa, aquele que é considerado o principal centro espiritual do mundo. Andar pelos lugares onde Jesus Cristo nasceu, viveu, morreu e ressuscitou era inacreditável. Chorei muito ao visitar o Santo Sepulcro, o Muro das Lamentações e o Monte das Oliveiras. Lugares que eu conhecia pela Bíblia, agora estavam ali, na minha frente, concretos, reais. Passei o Natal em Belém, na Basílica da Natividade, que é a igreja mais antiga do mundo. Foi naquele lugar que Jesus nasceu e que depois foi construída a Igreja. Em Nazaré, na Galileia, rezei na Basílica da Anunciação e pedi a proteção do anjo Gabriel. No Rio Jordão, onde Jesus fora batizado, entrei em suas águas com a roupa toda — depois foi um problema para entrar no hotel. Lá vivi uma das maiores emoções da minha vida ao jogar farelos de pão em suas águas e me ver cercada de peixes e pássaros. Parecia uma cena bíblica. Eu nem podia acreditar que estava acontecendo tudo aquilo comigo. Para mim, é muito doloroso pensar que todas as religiões monoteístas, Cristianismo, Islamismo e Judaísmo, tiveram origem naquela mesma região e, hoje, grandes guerras que assolam o mundo ocorrem naqueles lugares sagrados. Em silêncio, pergunto a mim mesma por que essas criaturas se afastaram tanto, como que negando serem filhas do mesmo pai.

Depois dessa viagem maravilhosa, o dinheiro acabou e voltei à minha vida de privações, mas sempre que podia, fazia viagens dentro do Brasil.

Uma ou duas vezes por ano, minha filha Vitória me dava de presente uma passagem aérea para Belo Horizonte. Além de conviver com ela e meu genro, Gildo, de quem eu gosto muito, eu adorava ficar com minhas netinhas, Mariana e Raquel, que faziam tudo para me agradar. Ali eu me sentia útil, quer brincando com as crianças, quer preparando os meus quitutes para agradá-los. Eles me retribuíam isso tudo não só com seu carinho, mas também me levando para conhecer a cidade, nas igrejas ou em bons restaurantes nos quais eu me fartava saboreando a boa comida mineira, principalmente o leitão à pururuca que eu adoro.

Quando saíam para trabalhar, deixavam-me no centro da cidade e eu corria as lojas aproveitando baratilhos, promoções e liquidações. Depois, cheia de sacolas, pegava um ônibus e voltava para casa. Nessa época, conheci também muitas outras cidades mineiras, como Ouro Preto, Congonhas, Sabará, Machado, São Lourenço e Poços de Caldas. Numa dessas viagens ao sul de Minas, fomos até Cruzeiro, no Estado de São Paulo, visitar a família do Gildo. Pedi a eles que me levassem até Aparecida do Norte para pagar uma promessa. Adorei conhecer a Basílica de Nossa Senhora Aparecida.

Dentre as viagens realizadas nessa época, lembro de minhas idas a São Paulo, onde Hamilton residia. Eu ia frequentemente visitá-lo e, além dos passeios que fazíamos juntos nos finais de semana, nos dias de trabalho dele e de minha nora, Joli, eu sempre pedia a ele um cheque para fazer umas comprinhas na rua.

Paulo também acabou indo morar fora de Curitiba, depois que foi aprovado no concurso para gestor público em Brasília. Fui para lá visitá-lo algumas vezes. Ele, Darli, minha nora, e Sofia, minha neta, me agradavam muito, tanto passeando pelos lugares da época de Juscelino Kubitschek, quanto pela moderna Brasília com seus maravilhosos restaurantes e parques.

Continuei a viajar para Laguna onde ainda tinha a minha casa e, na passagem, aproveitava para visitar minha mãe que nessa época morava em Florianópolis. Meu filho Sérgio, também morou alguns anos naquela cidade e, antes de seguir viagem para Laguna, eu passava alguns dias com ele, minha nora, Fernanda, e meu neto, Victor, que nessa época era ainda criança e muito engraçadinho. Eles também me levavam para passear nas praias e, principalmente, para saborear os maravilhosos camarões da ilha.

Quando chegava na minha casinha, em minha cidade Natal, era uma festa só. Os vizinhos me procuravam para saber as novidades, as crianças iam para a porta de minha casa saber o que eu havia trazido para elas. Aqueles que necessitavam de remédios corriam à minha casa para saber se eu havia trazido as amostras grátis que eu conseguia com meus médicos em Curitiba. Nos dias em que eu passava lá, minhas amigas iam me visitar e eu também as visitava, e, assim, ia me inteirando sobre o que ocorria na cidade. Eu era vista por algumas pessoas como uma personalidade importante pois até a rua da minha casa tem o nome de meu pai, Júlio Barreto. A minha chegada na cidade era até anunciada no jornal local, no qual eu por várias vezes também publiquei minhas crônicas.

Fico me lembrando das muitas férias de fim de ano que, em diferentes momentos da juventude de meus filhos, passamos naquele lugar paradisíaco. Eu gostava tanto daquele lugar que, certa vez, com meus filhos já crescidos, decidi passar 6 meses por lá. Era o final do ano de 1973, início do ano de 1974, já longe dos episódios de sequestros, prisões e de julgamentos em tribunais militares, eu precisava relaxar, mudar de ares, como tanto gostam os ciganos.

Incentivada por meus filhos, fui passar uma longa temporada na minha querida Laguna. Em minha habitual inocência, imaginei os cinco vivendo normalmente com seus empregos e estudos. Mas não, minha família era em tudo diferente. Eles transformaram a casa numa república, os meninos levaram suas namoradas e Vitória, além do namorado, Gildo, levou também a empregada que a acompanhava desde o tempo em que esteve casada com Sidney. Claro que fiquei muito brava quando soube ao voltar. Mas, depois, vi que eles continuaram cumprindo suas obrigações e criaram até regras rígidas de convivência, dividindo tarefas e toda a manutenção da casa. Acho que confiar em Deus fazia dar tudo certo.

Com o tempo, nossas férias de fim de ano com toda a família não mais ocorriam lá. Como a cidade era longe, a casa que eu havia construído era pequena e a família estava aumentando, começamos a fazer nossos encontros em casas alugadas nas praias do Paraná. Eu passava momentos muito felizes reunindo filhos, noras e netos. É verdade que nossas reuniões familiares nunca eram muito tranquilas. Sempre entrávamos em polêmicas sobre questões religiosas, políticas, familiares e de costumes que, muitas vezes, acabavam em gritos, choros e brigas. Era comum alguém sair magoado ou magoar outra pessoa. Mas no ano seguinte, lá estávamos todos reunidos e felizes novamente como se nada tivesse acontecido. O amor que nos unia era superior a questões motivadas por nossos temperamentos passionais e amantes de intermináveis polêmicas políticas, religiosas ou familiares. Em uma dessas viagens aconteceu algo totalmente imprevisível que quase acabou com nosso final de ano...

Com a chegada da enfermeira, que veio me ajudar a tomar banho, interrompi minhas recordações. Ao separar a roupa para me vestir, ela pegou a minha camisola cor de rosa. Contei a ela que a usei na virada do século, do ano de 1999 para o ano 2000. Pegar essa camisola me fez lembrar dos dias e meses que antecederam aquele 31 de dezembro. Perguntei à enfermeira se ela teve medo da passagem do século devido à previsão: "2000 não passará".

Histórias mirabolantes eram contadas sobre as previsões dos religiosos de todas as crenças, dos astrólogos, dos metafísicos, dos numerólogos e de outros que anteviam o fim do mundo. Foram desenterradas passagens bíblicas, previsões de Nostradamus e muitas outras histórias. A ideia do apocalipse estava presente em todas as conversas. Ateus, céticos, hereges, espíritas, religiosos, todos buscavam argumentar, questionar ou reafirmar teorias ou crendices. No meio de tudo isso, eu não queria nem pensar que o mundo pudesse acabar sem que eu tivesse conseguido realizar todos os meus sonhos.

Para quantos lugares um objeto pode nos levar! Depois que a enfermeira saiu, fiquei aqui sentada sozinha e lembrei que meu filho Paulo havia trazido para cá, a meu pedido, uma caixa contendo alguns cadernos que guardavam minhas memórias. Aleatoriamente peguei um deles e, ao abri-lo, deparei-me com o ano 2000. Folheando-o, encontrei Férias na Ilha do Mel. Comecei a ler e a recordar que na minha mala de viagem estava ela, pronta para ser usada: a minha camisola cor-de-rosa.

Gostei muito de rever aqueles dias passados à beira-mar com meus filhos, noras e netos, em uma casa muito confortável. Tenho a sensação de ainda sentir a brisa marinha nos fins de tarde, espalhando meus cabelos e as ondas geladas molhando meus pés. A água me convidava para um mergulho, mas, embora eu tenha nascido e me criado no litoral, até hoje tenho medo do mar. Entretanto, minhas netas, que eram verdadeiras sereias, se propunham a me ensinar a nadar. Todas as manhãs eu ia com elas para a praia.

Ali havia um trapiche, ou seja, uma construção de madeira que avançava para o mar, destinada à ancoragem de barcos que vinham do continente ou de outras ilhas. Meus filhos e netos faziam uso desse ancoradouro como trampolim. Mergulhavam e saiam nadando até a beira da praia. Eu, vendo isso, dizia para mim e para eles que, até o final da temporada, faria o mesmo. Foi assim que, certo dia, pedi para Mariana e Raquel, minhas netas, que pulassem de mãos dadas comigo. Assim, o fizemos depois de muitos recuos e tentativas. Eu me sentia desafiada. Queria provar para mim mesma e para os outros que eu era capaz de realizar aquela façanha. Saltar não foi tão difícil, embora tenha engolido muita água. O difícil foi chegar até a beira da praia. Sobre isso eu não havia pensado e acho que nem minhas netas. Tentei nadar, mas não conseguia sair do lugar. Havia uma escada no final do ancoradouro, quase na ponta do trapiche. Achei que ela seria a minha tábua de salvação. Era uma daquelas escadas verticais, retas, conhecidas como marinheiro. E eu, com os meus problemas de coluna e de joelhos, tive que fazer muita força com o corpo todo, especialmente com os braços, para conseguir subir.

Voltei para casa muito feliz por ter vencido aquele desafio. Entretanto, à noite, quando me virei na cama para mudar de posição, senti dores insuportáveis no corpo todo, principalmente nas costas. Pensei que havia quebrado a costela e perfurado o pulmão, não conseguia respirar direito. Comecei a chorar e a casa toda acordou muito assustada. Ali, não havia recursos médicos e hospitalares, nem mesmo um posto de saúde. Na madrugada, a única forma de sair da ilha era com barcos particulares e, no lugar em que estávamos, não havia nenhum. Eu achava que ia morrer. Meus filhos saíram em busca de socorro. Os atendimentos de emergência eram comunicados ao forte, que em casos de afogamento, ou outros problemas acionavam o Corpo de Bombeiros de Paranaguá. Foi lá que Daniel, desesperado, foi pedir socorro. Acordou os seguranças e pediu que me levassem para Paranaguá pois eu estava morrendo.

Assim, foi solicitado um helicóptero que veio de Paranaguá na manhã seguinte. A cena foi surreal, cinematográfica, lembrava um filme que assisti há muito tempo. O helicóptero pousou na areia da praia e toda família me acompanhou até a aeronave. Eu na frente, amparada por Daniel e Hamilton, e, logo atrás, toda a família caminhando em coluna como se fosse uma procissão ou um cortejo fúnebre. Vitória, escolhida pelos irmãos para me acompanhar, ficou tão perplexa com a paisagem vista de cima, que quase esqueceu o motivo pelo qual estava ali. Eu mesma, durante o voo, sendo o foco de todas as atenções, vi minhas dores desaparecerem misteriosamente.

Chegando ao hospital, fui atendida na emergência e, após todos os exames, constatou-se que não havia ocorrido nada de grave. Tomei apenas analgésicos e anti-inflamatórios e fui liberada. Agora, tínhamos um novo problema. Como voltar para a ilha? O helicóptero já havia seguido para outra missão. Era o dia 31 de dezembro e não tínhamos a menor condição de ficarmos em Paranaguá. O único jeito era voltar de barco. Conseguimos uma voadeira, embarcação frágil e leve que ia quebrando as ondas e dava solavancos violentos. Inexplicavelmente minha dor desapareceu totalmente; pude adentrar o século XXI com muita alegria e constatar que o mundo não havia acabado. Depois da ceia do Réveillon, vesti minha camisola cor-de-rosa e dormi com os anjos.

Quando completei 85 anos, meus filhos, que conheciam bem a minha alma religiosa e o meu desejo de conhecer outros mundos, presentearam-me com uma viagem a Fátima, em Portugal. Fui com minha filha Vitória para Lisboa onde passeamos muito apesar de eu já estar com dificuldade de locomoção. Realizei outro desejo antigo que era assistir a uma apresentação de fados. Fui também a um dos oceanários mais famosos do mundo, no qual conversei com siris gigantes que pareciam me entender, aproximando-se do vidro quando eu falava com eles.

Mas jamais esquecerei a grande alegria que vivi ao voltar de trem de Cintra em um vagão onde estávamos só eu e minha filha. Viemos cantando, durante a viagem, as músicas que eu mais gostava: Jura-me, *Maria La o, Gracias a La Vida, Luar de Ipacaraí, Reloj, Besa-me Mucho, Munhequita Linda, Carinhoso* e muitas outras. Eu me sentia leve, feliz e agradecida por tudo que a vida me oferecia. Também não esqueço dos enormes camarões que saboreamos em Cascais num lindo pôr do sol. Depois fomos para Fátima, que era a principal razão de minha viagem. Lá tive a sensação de estar protegida por Nossa Senhora. Chorando e ao mesmo tempo rindo de alegria, comemorei os meus 85 anos. Mas o episódio mais engraçado dessa viagem aconteceu quando esperávamos a abertura da Basílica. Eu estava cansada e resolvi sentar na porta da igreja, enquanto minha filha caminhava nas imediações. Como sempre, comecei a conversar com as pessoas que estavam próximas. Sempre tenho algo para oferecer. Naquele dia, havia levado balas e uma sacola com pedrinhas do Brasil as quais fui ofertando àqueles com quem conversava. Em poucos minutos, me vi cercada por muita gente estendendo as mãos e me pedindo as pedras do Brasil e eu as fui distribuindo. Quando minha filha voltou, vendo aquela situação, pensou que eu estava passando mal e, muito envergonhada, me pegou palas mãos, retirando-me daquela cena e me recriminando por sempre estar chamando a atenção dos outros. Depois dessa viagem, comecei a planejar o que farei no meu aniversário de 90 anos.

Saindo com vida deste hospital, pretendo conhecer a Índia e os caminhos percorridos por Gandhi. Tenho para mim que ele é o maior herói do século XX. Um homem que conseguiu a independência de seu país sem usar a violência. Isso, para mim, tem algo de santidade.

Mãe,
Como a senhora sabe, esta é a primeira vez que lhe escrevo da cadeia. Queria dizer algo inspirado, mas aqui é muito difícil: há muito barulho e, além disso, minhas acomodações se resumem a um colchão no piso de um cubículo. Quero apenas mostrar que tenho lembrado muito da senhora, especialmente nos dias mais difíceis, em que as preocupações eram tantas e o pensamento não conseguia atravessar esses muros. Os outros que me desculpem, mas só em ti consegui pensar. Não pude esquecer o último sábado que passamos juntos quando, ao chegar em casa da minha última viagem, em lugar de encontrar um sorriso nos teus lábios ou mesmo uma carranca, ou uma panela nas mãos pronta para ser arremessada, vi algo mais doloroso. Havia choro novamente nos teus olhos já velhos de tristeza.
Dia 23 a senhora completou mais um ano de vida. Podemos realmente chamar isto de vida? E que posso eu dizer nesse dia para uma mãe com três filhos presos? Coragem e cabeça alta. Nada fizemos de errado.

Trecho de carta de Paulo Faria, 02.11.1971

Mãe,
Li tua carta e gostei de saber que está tudo bem por aí. Aliás, nem precisavas me dizer pois, caso ocorresse o contrário, sei que darias um jeito. Afinal, tu não conheces obstáculo, e a tristeza em ti é passageira. Por isso te amo tanto.
Quer dizer que estás virando datilógrafa? É por isso que não envelheces. Porque avanças e te renovas. Não pare nunca, mãe. Viver é ir a...

Trecho de carta de Paulo Faria, 23.02.1978

5

Meu paraíso particular

Não sei se os fortes remédios que estou tomando me fazem delirar, ter alucinações ou se algumas coisas muito esquisitas estão acontecendo comigo, afetando minha saúde mental. A verdade é que tenho sentido o tempo todo uma grande necessidade de voltar ao passado e fazer um inventário de tudo que vivi. Não consigo mais viver o presente nem ter planos futuros. Estou achando mesmo que vou morrer. Já a doença que me trouxe para cá parece estar controlada. Minha saúde física está estável, à medida que quase não sinto dores, durmo bem e até tenho me alimentado um pouco. Entretanto, não querem me dar alta pois minha estabilidade depende dos remédios que me injetam, principalmente dos sedativos, antibióticos, anti-inflamatórios e corticoides que precisam ser monitorados. Alguns remédios, como a morfina, só podem ser aplicados no hospital. Queria voltar para casa, mas acham que aqui é melhor pois posso contar com mais recursos. Contudo, sinto que estou sacrificando minha família e amigos próximos. Meus filhos fazem rodízio para me acompanhar. Até mesmo os que não moram em Curitiba têm sido bastante presentes. No entanto, sei que todos têm seus compromissos. São jovens e ainda se encontram naquela fase da vida em que o trabalho toma a maior parte do tempo. Por essa razão, tenho dito a eles que estou bem e não é necessário ficarem comigo o tempo todo. Já fiz amizade com as enfermeiras. Elas me olham constantemente. Agrado-as com chocolates, balinhas e boas palavras. Depois de muita conversa com meus filhos, consegui ficar sozinha por algumas horas durante o dia. E, assim, volto às minhas lembranças. No meu desejo de voltar para casa, lembro com muita saudade de tudo que nela vivi.

Quando fui morar na casa da Leopoldina, a região ainda mantinha características de área rural. A casa era bem isolada, não tinha saneamento básico, nem asfalto e nem iluminação nas ruas. Os cavalos e as carroças circulavam livremente e eram os meios de transporte dos moradores naquela região da cidade. Nossas noites eram povoadas por vagalumes e iluminadas por velas e lampiões de querosene. No entorno, haviam algumas fazendinhas, dentre elas a de Gastão Faria, meu cunhado, e a de Gertrudes, uma alemã da qual comprávamos leite e ovos. Aos poucos, o bairro foi se constituindo, se urbanizando e sendo habitado por pessoas de diferentes origens e culturas. Muitas casas de madeira foram sendo construídas.

Em uma das ruas próximas à nossa casa, chegaram dona Eliza, de origem alemã, e seu Alexandre, italiano. Compraram um enorme lote e fizeram uma belíssima casa. Na frente, havia um lindo jardim com dois enormes coqueiros embaixo dos quais minhas crianças, constantemente, iam colher os coquinhos caídos na grama. Ao fundo, seu Alexandre fez um imenso orquidário onde colecionava belas orquídeas e as vendia por altos preços. Cuidava com tanto carinho de suas crias que o chamávamos de Pastor de Orquídeas. Já dona Eliza, além de deliciosas tortas alemãs, fazia também compotas, conservas, cervejas e gengibirras, uma bebida que era muito apreciada no Sul, à base de gengibre. Ficamos amigas pela vida toda. Ela, como não tinha filhos, afeiçoou-se muito aos meus, especialmente a Maria da Glória, minha filha mais velha.

Logo depois, chegaram dona Josélia, uma preta muito simpática casada com seu Rui Olesko, um polonês generoso, que logo ganhou a estima de toda a vizinhança. Dona Josélia se encantava tanto com as declamações da minha filha Vitória que a convidamos para ser sua madrinha de Crisma. Seu Rui agradava tanto o Hamilton que foi também convidado para crismá-lo. No fundo do quintal da casa de seu Rui, tinha um quartinho que era uma verdadeira oficina, cheio de ferramentas e bancadas, o sonho acalentado por Sérgio.

Na mesma época, dona Sila e seu Alos chegaram e construíram sua casa bem próxima da nossa. Da janela, eu conseguia ver a maravilhosa horta desses vizinhos que ali cultivavam todo o tipo de hortaliças. Eram descendentes de alemães e pareciam trazer em seu sangue a assepsia daquele povo, mas que agora canalizavam para a limpeza e cuidados exagerados com sua casa. Lá, tudo era de um capricho extremo: as ferramentas brilhavam, no quintal cheio de árvores não havia uma folha no chão e para entrar na casa era necessário retirar os sapatos. Na meia água ao lado, morava dona Minca, irmã solteira de dona Sila que era bem mais simpática que o restante da família. Ela, durante o período da Ditadura Militar, quando meus filhos eram procurados pela polícia, solidarizou-se comigo e aceitou que sua casa pudesse servir como rota de fuga para que não fossem presos.

No lado direito de nossa casa, dona Ana e seu Miguel construíram a sua morada que, em diferentes épocas, foi também habitada por seus filhos, noras e netos. Antes mesmo de construírem a casa, plantaram mudas de uva, dando origem a um imenso parreiral que atiçava a cobiça de meus filhos. Eles subiam no muro e se lambuzavam com as frutas proibidas. Isso era motivo de tensão com esses vizinhos, com os quais as relações não eram fáceis, apesar da amizade entre nossos filhos. Após a morte do casal, alguns de seus filhos passaram a habitar a casa por pouco tempo até que um casal de portugueses veio nela morar. Eram pessoas extremamente agradáveis. Vieram para o Brasil buscando impedir que seu filho de 18 anos fosse mandado para a África lutar contra a independência das colônias portuguesas (Angola, Moçambique e Guiné Bissau) na década de 1960. Dona Amália, cujo marido trabalhava em São Paulo, passava o dia cuidando do bem-estar dos filhos e, sobretudo, fazendo maravilhosos quitutes portugueses, que gentilmente nos oferecia pelo lado do muro fronteiriço à nossa casa. Rômulo, que não costumava se relacionar com os vizinhos, ficou visivelmente seduzido pela portuguesa. Brincávamos, dizendo que ele estava apaixonado por ela. Além de tudo, dona Amália era muito atraente e usava decotes generosos, o que despertava também os desejos inconfessáveis dos meus dois filhos mais velhos, quando adolescentes.

Do lado esquerdo de nossa casa, morou uma família considerada por nós bastante estranha por fugir ao modelo de família da época. Era constituída por um homem preto e duas mulheres brancas. Descobrimos que era um triângulo amoroso, convivendo harmoniosamente e dividindo a mesma cama. Criavam juntos várias crianças de diferentes idades filhas do mesmo pai e das duas mães. Mais tarde, nessa mesma casa, veio morar dona Jovita, uma preta velha com seus dois netos gêmeos e órfãos: Paulo e Roberto. Paulo era preto, muito calmo, chamado entre os amigos de Paulo Bolha e Roberto era ruivo e sardento, um legítimo negro-aço; apelidado de Sarrafo por ser muito alto e magro. Ambos se tornaram amigos inseparáveis de meus filhos na adolescência, passavam as tardes jogando futebol na rua, em frente à casa 13.

Meus filhos foram criados comendo polenta, lasanha, ravioli, chucrute, pepino azedo, pierogi, todos os tipos de embutidos, além, é claro, de feijoada, sardinhas fritas, bacalhau, cozido de carne com legumes e virados de todas as espécies feitos com todo o tipo de legumes. Assim, desde muito cedo, formaram seu paladar e gosto pela cozinha internacional que conheceram com seus vizinhos. Até eu, criada no litoral com uma culinária caiçara à base de farinha de mandioca, peixes, camarões e siris, aprendi a fazer essas comidas muito diferentes do cotidiano no qual eu formei meu paladar.

Ao relembrar os vizinhos próximos que constituíram essa pequena amostra de etnias, fruto da miscigenação ocorrida no sul do Brasil, em função de seu clima semelhante ao europeu, passei a pensar também em outros, mais distantes que foram povoando o bairro, como dona Olga.

Fiz amizade com ela logo que veio morar na rua 21 de Abril. Era uma viúva jovem, moderna, bonita e andava de bicicleta por todo o bairro. Certa vez, sofreu um acidente quando descia em disparada a rua Sete de Setembro e quase morreu. Parte do bairro se solidarizou com ela, a outra parte dizia: o que uma mulher viúva da idade dela tinha que fazer de bicicleta lá pelos lados do Cajuru? Dona Olga tinha dois filhos, Osmar, que em um de nossos natais se vestiu de Papai Noel para fazer a entrega dos presentes para as crianças, e Rosi, a filha mais velha. Muitos anos depois, Rosi foi eleita vereadora e em determinado momento perpetuou a memória de Rômulo, emprestando seu nome para uma rua da cidade.

Um pouco mais distante, viviam outras pessoas muito interessantes, como Carmela Salke, uma violinista solitária da qual nada sabíamos, apenas que inundava com suas músicas nossos fins de tarde, atraindo à sua porta as crianças curiosas; o Maestro e compositor Bento Mussurunga, que com sua vasta cabeleira e com seu jeito de solteirão abandonado também chamava nossa atenção, pois, sobre ele, ouvíamos histórias fantásticas sobre o sucesso que fazia em teatros de todo o Brasil; Dalton Trevisan, O Vampiro de Curitiba, com o qual nunca tivemos o privilégio de conversar, despertava a curiosidade de todos. Achávamos que vivia prisioneiro em sua casa pois suas janelas pareciam nunca terem sido abertas. Outra vizinha famosa, que se tornou grande amiga da família, foi a poeta de origem ucraniana Helena Kolody. Esta afeiçoou-se tanto ao Hamilton que, apesar da diferença de idade, tornaram-se irmãos na poesia. Helena dizia que Hamilton era o filho que ela não teve.

Outras figuras foram ali se instalando e se aproximando da minha família por razões diversas. Numa época em que não havia televisão, computador e poucas pessoas tinham telefone ou automóvel, as crianças brincavam nas ruas e traziam as novidades sobre a população que ali se formava. Quer por intermédio delas, quer pelas conversas com os vizinhos, ficávamos conhecendo a todos e até mesmo sabendo de seus hábitos e de suas excentricidades.

Dessa maneira, conhecemos dona Vera e o Bruda, seu irmão. Eram filhos de alemães e guardavam muitas das características físicas daquele povo. Certo dia, alguém de nossa família precisou tomar injeção e nos indicaram dona Vera. Quando entrou lá em casa, foi motivo de espanto de todos. Era uma mulher alta e magra, de cabelos negros, vestida inteiramente de preto e muito maquiada. Sobre a pele branca, usava uma base mais clara ainda, nos lábios, um batom vermelho, e nos grandes cílios, uma camada grossa de rímel que se espalhava até abaixo dos seus olhos. Hoje, poderíamos imaginar que pertencia a uma comunidade alternativa. Na época, surpresos, achávamos que ela havia saído de uma dessas histórias de vampiros e dráculas. A verdade é que dona Vera havia sido enfermeira e, no bairro, era chamada para aplicar injeções e atender primeiros socorros. Era uma pessoa alegre e descontraída.

Bruda, seu irmão, era um bêbado inveterado, talvez porque soubesse que lhe restava pouco tempo de vida uma vez que sofria de uma tuberculose em estado muito avançado. Então, enchia a cara de Caninha Tatuzinho, dizia impropérios aos céus, tossia ruidosamente, depois cuspia golfadas de sangue e gritava: "engoli um sapo" e voltava a tossir. Meu marido, querendo preservar os filhos dos perigos do álcool dizia: é um vagabundo, mas eu sabia e sentia que ele era apenas um ser humano sofrendo com a presença diária da morte.

Parte da casa onde moravam dona Vera e o Bruda era alugada para um centro espírita dirigido por seu Orlando e sua mulher, ao que parece, os primeiros espíritas do bairro. Em dias de sessão, a sala ficava muito cheia. Cheguei a participar ali de algumas palestras e cerimônias, e até tomei passes e fiz uma cirurgia espírita em meu joelho que apresentou melhoras significativas após aquela intervenção. Ali, também eram distribuídos donativos aos pobres que, no Dia de Reis, formavam enormes filas, num incrível ato de caridade que despertava a curiosidade das crianças.

Em outros momentos, aquele espaço era utilizado para reuniões comunitárias e usado por políticos em busca de votos em períodos eleitorais, como Nei Braga, em campanha para governador do estado em 1960. Lá, moradores do bairro, na maioria homens, se organizaram para reivindicar a canalização do esgoto que corria a céu aberto na frente de nossa casa. Houve reuniões em que eu era a única mulher presente.

Outra pessoa muito próxima de nossa família era dona Santa. Dela comprávamos ovos e meus filhos aprenderam, com ela, a gostar de pintinhos e galinhas. Sua casa era muito simples, mas o quintal era encantador. Nele, havia um pomar, considerado mágico por meus filhos pois durante todo o ano, especialmente no outono, as frutas pareciam cair do céu e se plantarem em cada galho das fantásticas árvores. Ali eles se deleitavam com peras, maçãs, pêssegos, laranjas, cerejas, pitangas e outras frutas, além de brincarem de esconde-esconde, subirem nas arvores e na primavera experimentarem o doce aroma das flores.

Dona Santa era descendente de italianos, solteira, morava com mais três irmãos, todos solteiros. Viviam na mesma casa, mas não se falavam. Seu Tomás, um dos irmãos, era psicótico. Na época, eu não falava essa palavra, dizia para meus filhos que seu Tomás era cismático. Todas as noites, esse senhor bem vestido de terno e gravata saía de casa, caminhava um quarteirão e se colocava embaixo de um poste de iluminação na frente de nossa casa e ali ficava por uns trinta minutos. Depois, cabisbaixo, voltava para sua casa. Isso acontecia até mesmo nos dias de chuva. Nesses, levava um guarda-chuva e permanecia no mesmo lugar, seguindo o ritual de sempre. Era esse o único momento em que saía de casa segundo dona Santa. Ela, por sua vez, era auxiliar de laboratório e, depois de sua aposentadoria, só saía, todas as noites, para ficar na minha casa conversando e me ajudando a preparar as crianças para dormir.

A vizinha mais incômoda que tive foi dona Dalila. Ela era a vigia do bairro. Ficava na janela de sua casa, que dava para a rua, a maior parte do dia, na companhia de suas duas filhas ainda meninas. Por ser muito bunduda, a apelidávamos de bunda de cesto. Ela sabia de tudo que acontecia no bairro e dava as notícias para todos os moradores que passavam por sua janela. Não havia quem não passasse ali para saber de alguma coisa. Dona Dalila me prestou grandes serviços. Quando eu saía para ir às compras, ao médico ou ao dentista, era ela quem me informava se os meninos saíam para rua, se brigavam na minha ausência ou, ainda, se havia entrado alguém na minha casa enquanto eu estava fora.

Da mesma forma que me ajudava, também me incomodava muito porque parecia vigiar todos os meus passos. Quando eu estava chegando em casa, ela, de sua janela, me chamava para contar sobre o que tinha visto ou suspeitado em minha casa, mas também queria saber onde eu fui, o que eu fiz, o que comprei. Isso, além de ser uma invasão de privacidade, retardava a minha chegada em casa em uma hora, em que, além de me sentir cansada, sabia que tinha muitas tarefas a realizar. Além disso, tinha certeza que o falado ali se tornaria público, pois o primeiro passante seria informado sobre minhas atividades naquele dia.

O caminho que eu percorria com maior frequência quando saía de casa para resolver questões do dia a dia era mais ou menos assim: saía de minha casa, na rua Dias da Rocha Filho, 13, andava um quarteirão à esquerda, na rua 21 de Abril, dobrava à direita na rua xv, passava em frente ao Laboratório do Estado, na rua Ubaldino do Amaral, descia a rua xv, passando pela Universidade Federal, pelo Teatro Guaíra, em construção desde 1954, atravessava a praça Santos Andrade, subia a Monsenhor Celso, à direita, atravessava a praça Tiradentes e ia até a Catedral para rezar, pedindo ajuda ou acendendo uma vela, agradecendo alguma graça recebida. Depois, atravessava novamente a praça, descia a rua Cândido de Lopes, passando na frente da Biblioteca, descia até a praça Osório para pagar uma conta na Caixa Econômica Federal, ia até a Panificadora Berbéri, na avenida Luis Xavier para comprar pães para acompanhar a sopa da noite e retornava pelo mesmo caminho, passando por lojas, enchendo sacolas e voltando esbodegada para casa, de tanto andar a pé. Esse roteiro, muitas vezes, era ampliado, principalmente, quando ia ao dentista ou ao médico na rua Comendador Araújo, onde funcionava o Departamento de Saúde do Sesi.

Havia dias em que esse roteiro se prolongava ainda mais e eu ia carregada de sacolas pela a rua Carlos de Carvalho até o Bigorrilho levar os mantimentos que contribuíam para alimentar os nove filhos da minha irmã Francinha. Quando me lembro desses quilômetros e quilômetros que percorria constantemente, me vejo como uma verdadeira andarilha e carregadora de peso.

Além de dona Dalila, havia outras figuras estranhas que provocavam a imaginação das crianças, tais como o senhor Sigmundo. Esse era um velho alemão que, quando precisávamos de algum conserto ou nos encontrávamos em algum apuro, ele era chamado. Assim, quando estourava um cano, ocorria um curto-circuito, queríamos mudar um móvel de lugar ou fazer uma cerca, lá vinha ele com suas ferramentas e sua boa vontade para ajudar. Era um homem de poucas palavras e muita ação. Ninguém na vizinhança sabia nada sobre sua vida ou havia entrado alguma vez em sua casa. O que se comentava era que havia sido um espião nazista. Carregava uma malinha na qual, além dos instrumentos do trabalho, havia sempre uma garrafa de Coca-Cola.

Nesse rol de figuras diversas, não posso deixar de lembrar o português da venda e o seu Buecken, filho da Maria Mecânica, uma senhora alemã que tinha esse apelido por ter sido esposa de um mecânico já falecido. Seu filho era um gigante de quase dois metros de altura, com tórax de halterofilista, conseguido graças ao esforço diário de carregar pesados eixos de caminhões que ele reparava nos seus tornos. A oficina do seu Waldemar Buecken era o único lugar em que havia um telefone no bairro. Por essa razão ele, gentilmente, o cedia para uso dos vizinhos. Minha família chegava a abusar de sua boa vontade, fazendo com que seu Buecken, muitas vezes tivesse que parar seu trabalho para chamar um dos meus filhos para atender a um telefonema. Nas férias, ele fazia pesca submarina e, nos finais de ano, me presenteava com um enorme peixe que saboreávamos na ceia do Réveillon.

 Em retribuição às suas gentilezas, quase todos os dias dos verões mais quentes, quando a oficina virava uma fornalha pelo calor da forja, do torno e da solda, eu mandava um dos meus filhos levar para ele e seus funcionários uma jarra de limonada gelada, feita com limões do meu quintal que ele tanto gostava. Outras vezes, levavam uma garrafa de café, acompanhada de bolinhos de chuva ou de pastéis feitos por mim. Apesar de seu tamanho e do trabalho bruto que desenvolvia, era uma pessoa meiga e gentil como ficou provado quando foi o primeiro a assinar a lista de arrecadação trazida por meus filhos do Grupo Zacarias, para a construção do Hospital Erasto Gaetner para tratamento de câncer. Em outras situações, teve a oportunidade de demonstrar sua delicadeza. Foi assim quando Hamilton e Sérgio fabricaram um pequeno canhão, estilo bacamarte, alimentado com pólvora, bucha e bolinhas de vidro, e a carga foi parar no fundo da sua oficina. Ele então com civilidade e firmeza foi me pedir para que tomasse providências. Foi assim que fiquei sabendo que não se tratava de fogos de artifícios, mas uma arma de verdade, fabricada a partir da fórmula que Sérgio aprendera nas aulas de Ciências.

 Havia ainda a dona Rosa, uma polaca meio destrambelhada que jogava no bicho todos os dias. Ela passava pela vizinhança conversando e perguntado às pessoas com qual bicho haviam sonhado. Depois, ia para o bar da dona Dilma e fazia suas apostas. Aquela recebeu o apelido de ladra de sonhos. Despertava a fúria da minha empregada, Maria Eugênia, também jogadora do bicho, e muito engraçada. Maria Eugênia, nas horas vagas, catava coisas na rua e na lixeira dos vizinhos em um tempo em que ainda não se falava em lixo seletivo ou em reciclagem. Tinha profundas "dúvidas existenciais", a maior delas era não saber se se casava ou se comprava um violão com o dinheiro que arrecadava com a venda dos jornais, latas, vidros e metais que recolhia. Enquanto isso, ia entulhando o meu quintal com aquilo que catava nas lixeiras da vizinhança.

De origem polonesa também era a família do marceneiro seu Rodolfo, cujas filhas Marli e Marilene ficaram amigas de Glória e Vitória. A filha mais nova, Regina, quando desabrochou, tornou-se uma moça linda e muito cobiçada por meus filhos e outros meninos do bairro. Outra família que se tornou grande amiga da nossa foi a do homem mais rico do bairro, seu Erondi Silvério, um empresário, dono de grandes empresas de ônibus. Na adolescência, Vitória tornou-se amiga inseparável de sua filha, Lourdinha. Ambas eram muito namoradeiras e frequentemente faziam ou recebiam serenatas de seus amigos e admiradores nas madrugadas geladas de Curitiba.

O comércio da região ainda era muito incipiente e, por longo tempo, tivemos apenas a venda da dona Olandina, onde os meninos compravam capilé, xarope de groselha e Ki-suco. Um pouco mais distante, ficava a farmácia do seu Nickel e a mercearia do Aparício. As compras de mantimentos eram feitas no armazém do Sesi que era uma cooperativa dos funcionários. Lá comprávamos com caderneta que só era paga no final do mês. Além desses vizinhos, em nosso bairro moravam também a família Nacle, que era de origem turca, e a Domiti, que era descendente de sírio-libaneses. Esses vizinhos, muitos dos quais se tornaram amigos da família, foram chegando e transformando a paisagem, bem como os usos e costumes do bairro. Assim, foram aprendendo e ensinando uns com os outros. Especialmente para as crianças, essa foi uma experiência muito rica de trocas entre elas e para os próprios adultos, que iam disseminando histórias e maneiras de viver e pensar. Meus filhos aprenderam também com poetas, pobres e passarinhos.

Um grande aprendizado foi a tolerância e o respeito pelos diferentes. Muitos dos antepassados dessas famílias que vieram a constituir o universo desse caldeirão de culturas que virou nosso bairro já viviam no Brasil quando da chegada dos portugueses. Outros chegaram no início da colonização para trabalhar, substituindo a mão de obra escravizada nas minas ou nas lavouras, ou ainda, vieram depois, fugindo de guerras, do desemprego, da fome e das perseguições no continente europeu. Alguns, como os alemães, iniciaram o processo de industrialização, sobretudo na metalurgia e nas gráficas.

Além dos vizinhos de origem europeia, a minha casa era frequentada por pessoas nativas do Brasil e descendentes de africanos. Lembro-me com muita saudade da Neneca, uma índia do grande grupo Guarani, remanescente da antiga tribo dos Carijós que habitaram o sul do Brasil antes da chegada dos europeus. Ela foi minha empregada quando eu morava em Paranaguá. Depois, foi morar na ilha da Cutinga e, quando vim morar em Curitiba, voltou a frequentar minha casa trazendo da sua lavoura, na ilha, produtos cultivados por ela, como milho, mandioca e hortaliças. Além disso, contava-nos sobre as lendas de sua tribo e de como educavam os curumins.

Também fez parte importante de minha vida a preta Tata, de nome Cassiana, que era agregada da família de uma parenta do Rômulo. Era baiana, frequentava o candomblé e trouxe para minha casa muitos dos hábitos e dos pratos típicos de seu povo. Entretanto, sua maior contribuição para a minha família foram as histórias que contava sobre os tempos da escravidão na fazenda onde nasceu. Pertencia à terceira geração de pretos libertos.

Outros personagens marcaram o nosso convívio no bairro, um deles era o casal, Belarmino e Gabriela, uma dupla caipira que se apresentava semanalmente no programa da rádio Guairacá, denominado Boa Noite da Casa Lorusso. Moravam a quatro quarteirões de nossa casa, na rua Floriano Essenfelder, uma rua atrás do Estádio do Coritiba. Atrás de sua casa, morava dona Carolina, enfermeira do Sesi que atendia meus filhos quando se machucavam com pedras, lutas ou quedas de bicicleta ou de cima dos muros sobre os quais corriam brincando de pega-pega.

Minha casa era assim, cheia de vida, cheia de histórias e de pessoas que muito contribuíram com a educação de meus filhos. Fico falando da minha casa e relembrando cada cômodo, cada objeto e cada personagem que por ali passou e fez parte de minha vida. Era um território de trabalho, aprendizado e afetos constituindo pessoas.

Ao me referir às pessoas que frequentaram minha casa, surge em minha memória a minha querida irmã Francinha. Desde pequenas, fomos muito amigas. Por termos idades próximas, éramos inseparáveis. Francinha era considerada a mais bonita e também a mais inteligente das irmãs.

Foi professora e enfermeira de guerra. Declamava maravilhosamente Versos Íntimos, de Augusto dos Anjos, Ouvir Estrelas, de Olavo Bilac, e muitos outros. Casou-se com Tadeu, um filho de polacos que pintava faixas publicitárias, letreiros de lojas, propagandas nas latarias dos carros e, nas horas vagas, pintava quadros e criava passarinhos. Como eu, ela também não foi feliz no casamento e teve muita dificuldade para, com sua saúde fragilizada, criar nove filhos, trabalhando oito horas diárias no Instituto de Previdência dos Bancários.

Nossos filhos eram muito amigos e, por essa razão, cresceram juntos. Em geral, passavam os finais de semana ou as férias tanto na casa dela, como na minha, brincando na barroca, ouvindo músicas, dançando ou jogando futebol. Quando adolescentes e jovens, frequentavam juntos festas e bailes. Lembro-me de um carnaval em que os filhos dela queriam ir com os meus em um baile e não tinham fantasia. Eu olhei para as cortinas de minha casa e achei que daria para fazer um belo bloco de havaianos. Arranquei-as e pus-me a fazer sarongues para os meninos e para as meninas.

Francinha sempre foi muito solidária e presente em nossas vidas, especialmente quando meus filhos foram presos e duramente perseguidos pela ditadura.

Abro meus olhos com cuidado antes de remexer na cama para não interromper essas lembranças remotas, mas tão agradáveis, que me invadem, fazendo-me até esquecer que estou em um quarto de hospital. E, assim, volto ao passado...

O antigo casebre da Leopoldina foi dando lugar a uma humilde casa de madeira que não nasceu pronta. Foi sendo feita aos poucos. Primeiramente, fizemos dois quartos, um banheiro e uma cozinha. Depois, à medida que as crianças foram nascendo e crescendo, e que o dinheiro permitiu, fomos aumentando para os dois lados, sem mexer na parte da frente do terreno pois a intenção era "no futuro" construir uma casa de alvenaria. Por isso, quando levantamos o muro, construímos uma base sólida de granito e cimento sobre a qual levantaríamos a casa de dois pavimentos e com garagem para o jipe que Rômulo tanto desejava, mas não chegou a ter. A morte o levou antes.

Em função das necessidades, foi construído um quarto para as meninas e outro para os meninos. No ano seguinte, uma sala de jantar. Depois, o que era sala de jantar virou sala de visitas e construiu-se mais uma sala e um pequeno cômodo entre a sala de jantar e a cozinha que se transformou no espaço dos livros, que dizíamos ser a biblioteca da casa com um único armário, cuja chave ficava nas mãos do chefe da família. Também ali havia uma rede onde Rômulo se deitava e, em volta dele, as crianças se deleitavam com as leituras, brincadeiras de escolinha e contação de histórias. Também reformamos a cozinha e o banheiro e fizemos uma copa.

Cada reforma e cada aumento da casa foi feito com muito choro e com muito sacrifício pois o dinheiro era pouco e os meus sonhos eram sempre maiores que as possibilidades existentes. Lembro de como a casa, aos poucos, foi sendo equipada com novos móveis, eletrodomésticos e objetos que iam aparecendo no mercado. Em 1960, compramos a primeira geladeira GE, depois, foi a vez da televisão. Um pouco antes, vendo os progressos que Vitória fazia nas aulas de piano e o grande interesse do Daniel por música, compramos um piano no qual, em noites de sarau ou nos aniversários, o pianista Antonio Melilo, padrinho de Paulo, e Marita França, filha do Dr. Heitor Stocler de França, padrinho do Hamilton, nos deleitavam com suas músicas.

À medida que a casa ia crescendo, o quintal, que era uma verdadeira chácara, ia também se transformando. Este exigia menos dinheiro e, por isso, foi sendo feito mais rapidamente. Assim, fomos povoando a frente da casa com árvores, flores, bichos e brinquedos que as crianças mesmas construíam (cabanas, balanços nas árvores, buracos que serviam de esconderijos), eventualmente com a ajuda de algum carpinteiro, pedreiro ou até de um dos mendigos que batiam à minha porta. Estes também foram responsáveis pelas obras no galinheiro e por um forno à lenha, tipo iglu, onde eu assava pães, bolos, biscoito, frangos recheados dos domingos e o famoso leitão à pururuca de todo o final de ano, paixão de Rômulo.

Cada planta e cada bicho iam ganhando nomes e cresciam sob os nossos encantados olhos. Muito lindos eram os pinheiros de araucárias Getúlio e Sesinho e a quineira que chamávamos de Coelha porque nela que eram escondidos os ovos de chocolate para as crianças encontrarem no domingo de Páscoa. Os galos Mojica, Pavarotti, Carreras; as galinhas Índia, Pretinha e Donzela; os cachorros Dragão, Violeta, Bolinha, Poeta, Monalisa e Trezelim compunham os sons que se misturavam aos dos passarinhos, das cigarras e das algazarras da criançada.

Aos poucos, fomos fazendo o nosso desorganizado, porém lindo, pomar. Nele haviam goiabas, peras, pêssegos, pitangas, romãs, cerejas, marmelos, ameixas, limões e outros frutos. Havia também uma pequena horta onde não faltavam plantas medicinais com as quais eu tratava meus filhos: erva-cidreira para tosse, guaco para expectorar, pata de vaca para os rins, melissa para acalmar, funcho para dor de barriga, mentrusso para traumas e hematomas, além de outras. As flores apareciam espalhadas no intervalo de outras plantas ou em um pequeno jardim onde, em diferentes épocas, brotavam hortênsias, margaridas, dálias, copos de leite e camélias com as quais enfeitávamos a casa, meus filhos presenteavam as professoras e levávamos ao cemitério de nossos mortos nos dias de seus aniversários e no início de todos os novembros.

Continuamos morando na casa de madeira que, sem manutenção, foi se deteriorando e o tal "futuro" em que faríamos a casa nova de alvenaria só chegou quando eu já era viúva, com dificuldades financeiras e meus filhos já eram adultos. Certo dia, a varanda caiu quase na cabeça do Paulo, que no mesmo instante, saltou para dentro de casa e, só assim, escapou ileso. Dessa forma, descobrimos que eu não podia mais viver ali, pois a velha casa estava apodrecendo. Paulo assumiu a responsabilidade de administrar a construção da nova moradia. O período da construção foi cheio de altos e baixos pois ao mesmo tempo que me sentia valorizada e segura morando em um apartamento alugado, sentia falta de minhas árvores, dos meus bichos e das minhas flores vivendo entre quatro paredes de um lugar que não tinha quintal.

Nessa colcha de retalhos que constitui a minha história, jamais esquecerei dos pobres, mendigos e maltrapilhos que quase todos os dias batiam na minha porta ou que eu encontrava caídos na rua e os levava até minha casa para ajudar de alguma forma. Chegavam em busca de trabalho, vendendo alguma coisa, pedindo um prato de comida, um copo de café para curar a ressaca ou, apenas, querendo ser ouvido por alguém que os tratasse como seres humanos. Os meus arroubos caritativos eram muito criticados por Rômulo que me ridicularizava chamando-me de mãe dos pobres. Falava dos meus pobres como os "Miseráveis", fazendo referência ao livro de Victor Hugo. Meus filhos, quando viam algum maltrapilho ou uma pessoa com deficiência no portão, diziam:

— Mamãe, já chegou mais um para se alistar no Exército de Brancaleone.

Eu não entendia o que era esse tal exército que eles tanto falavam. Até que me contaram sobre uma comédia italiana de grande sucesso, ambientada na Idade Média, que retratava as aventuras de um exército formado por pobres, deficientes e maltrapilhos.

Quando Sérgio chegou, trazendo-me uma cesta de frutas e chocolates, fiquei pensando e perguntando a ele: "como estarão os meus pobres?".

Onde estará a essa hora o Reinaldo, que quase todos os dias, bêbado e faminto, batia na minha porta na hora do almoço pedindo comida ou um copo de café para curar a ressaca? Reinaldo era um jovem bonito, lembrava o rosto de Cristo dos filmes hollywoodianos. Pertencia a uma família estruturada, tinha casa para dormir e uma mãe que sempre lhe esperava com um prato de comida e com lágrimas nos olhos. Entretanto, preferia viver nas ruas. Era alcóolatra. Quando sóbrio, forte e habilidoso que era, cortava em pouco tempo um metro cúbico de lenha e dizia se arrepender por viver bêbado. Falava do sofrimento de sua mãe cada vez que chegava em casa embriagado. Falava também da vergonha de seus familiares, quando o encontravam naquele estado. Eu o escutava e o aconselhava a voltar para casa. Às vezes, brigava com ele como se fosse meu filho, com firmeza e amor. A parte cômica era a sua fixação na cantora Wanderléa, da Jovem Guarda. Sobre ela, tecia fantasias mirabolantes em seus delírios alcóolicos.

Sérgio sorri e me pergunta: "E o Sabo, mamãe? Lembra dele? Por onde andará com sua cestinha repleta de samambaias, avencas, xaxins e flores de época?".

Sabo era o apelido que dávamos a um vendedor de samambaias, avencas e outras plantas ornamentais. Era um pobre homem de meia idade, que desde a infância ficou com sequelas na fala em função de uma meningite. Morava em Almirante Tamandaré, cidadezinha a 20 quilômetros de Curitiba, que ele cobria, oferecendo seus produtos no sábado e, na sua fala atrapalhada, dizia: "volto no sabo", e, assim, ele era chamado carinhosamente pelos meus filhos. Tinha alguns trejeitos femininos e com seu grande chapéu, sempre arrumadinho, lembrava uma figura medieval, saída de histórias daquela época. Eu sempre lhe oferecia algo para comer, pois sabia que ele não pedia esmolas e nem comida, mas, como morava longe, estava sempre faminto. Falava muito de sua mãe que era florista. Um dia, levou-a para me conhecer. Na verdade, eu já a conhecia. Ela me visitava para oferecer suas flores em dias diferentes dos que ele por ali passava. Foi uma surpresa cômica. Em sua fala, tinha o estranho vício de acrescentar "la" ao final de cada cinco ou seis palavras. Da primeira vez, ficamos surpresos porque fazia sentido "peguei a cesta para levá-la...". Mas dali a pouco ela tasca algo como "já vou indo-la".

Fazia parte também desse conjunto de excluídos sociais que batiam à minha porta um mendigo que ficou por nós conhecido como Poeta. Este também perambulava pelas ruas, bebia e pedia esmolas, mas de uma forma que só ele conseguia fazer. Na realidade, era único. Não sei bem se fazia poesias, mas declamava magistralmente com sua voz de metal, madeira e corda poemas de Castro Alves, Augusto dos Anjos, Olavo Bilac, Guerra Junqueira e outros. Havia trabalhado na Marinha Mercante e falava com muita naturalidade sobre a vida em outros países. Ficávamos deslumbrados com o seu talento e ele nos deleitava com belas páginas da literatura que guardava na memória. Vivia maltrapilho e dormia na rua.

Lembrei-me também de outros miseráveis que, em diferentes épocas, frequentavam minha casa, como dona Sinhá, a bondosa velhinha que nunca tomava banho e parecia uma bruxinha, saída das histórias dos Irmãos Grimm. Na juventude, teve uma pensão e Rômulo, quando solteiro, ficou nela hospedado. Na velhice, passou a viver da ajuda de antigos amigos. Suas visitas duravam o dia todo, fazia conosco todas as refeições e ainda saía carregada de coisas para comer nos próximos dias. Vivia sozinha e sentia muita necessidade de conversar e, sobretudo, de ser ouvida. Depois que morreu, veio me visitar, mas isso é outra história que não quero lembrar agora. Ela foi protagonista de um conto que escrevi naquela época: A visita da morta.

Fazia também parte do exército dos desvalidos emocionais que frequentavam a Casa 13 uma mulher de nome América, que eu havia conhecido em Paranaguá. Quando se mudou para Curitiba, tornou-se vendedora da Avon. Tinha vida difícil e tendência depressiva. Aquela mulher solitária de quem pouco sabíamos a não ser de sua solidão e de sua feiura era objeto do riso secreto e irresponsável das crianças.

Sérgio se lembra de Irani, sobrinho do Rômulo, que, quando nos visitava, ficava o dia todo contando e relembrando fatos de sua vida, reclamando dos demais parentes que não o acolhiam.

Também bebia muito e adorava ficar lá em casa. Ele não cansava de repetir que a minha casa era muito acolhedora e se lembrava de um filme, Do Mundo Nada se Leva, de Frank Capra. Esse filme, conta a história de uma família lunática que vivia como se fosse obrigada a ser feliz. Acho que parece mesmo com a nossa pois, apesar das dificuldades, eu faço tudo para ser feliz e fazer os outros felizes.

Nunca me preocupei em ter a casa arrumada e bonita para os outros admirarem, mesmo porque com seis filhos era impossível ter essa preocupação. Tinha outras coisas que eu considerava mais importantes. Acostumei-me e, mesmo agora que vivo sozinha, continuo bagunceira e desorganizada. Fico pensando no dia em que eu morrer e que forem mexer nas minhas coisas. Fico até com vergonha. Mas, como defunto não tem vergonha, logo deixo de me preocupar com isso. Tenho coisas muito mais importantes a fazer. Como no filme comentado por Irani, prefiro usar o meu tempo fazendo o que gosto: ler, escrever, cozinhar, dormir, fazer compras e cuidar das minhas plantas.

Também não gosto de ter empregada pois elas ficam vasculhando meus objetos e tirando tudo do lugar em que costumeiramente guardo. Às vezes, acho que até é relaxamento demais. Não gosto de jogar nada fora. Sei que amontoo coisas, minha casa é entulhada de móveis, mas compro muito para presentear familiares e amigos. É por isso que tenho um quarto cheio de pacotes de presentes ainda embrulhados que nem sempre sei o que contêm. Não são só presentes comprados, deixo também as roupas velhas ou que não uso mais para ir dando para os meus pobres.

Enquanto Sérgio vai ao banheiro, penso com meus botões:

Quando entro naquele meu espaço particular, descubro que ele é o retrato do meu inconsciente, confuso, dividido e, ao mesmo tempo, misturado, bem como generoso, pois sempre quero agradar ao outro. Penso, também, que mantenho esse quarto fechado, para ninguém ver o que ele guarda. Da mesma forma que no meu mais profundo íntimo, não deixo ninguém entrar. Às vezes, nem mesmo sei o que há lá dentro, bem embrulhado. Isso se reflete também na minha relação com espelhos. Nos últimos tempos, criei o hábito de não olhar neles. Cubro-os todos. Inicialmente, quando me perguntavam o porquê dessa nova mania, eu dizia que era para me proteger de raios e tempestades. Entretanto, pensando bem, hoje, acho que deve ser para fugir da imagem que vejo refletida e que não corresponde àquela que fui e que ainda gostaria de mostrar para o mundo. Ao me deparar com minha imagem no espelho, vejo não apenas meu rosto, mas tudo que ele esconde de mais profundo e tudo que mostra de mais visível: minhas marcas de sofrimento e privações.

De como a bonita cigana fez seus filhos

Você viu uma menina orgulhosa brigando
na rua com vestido rasgado
Depois viu a mesma menina orgulhosa
ensinando aritmética com frutas
Para as crianças do bairro você pensou: chegou a hora
E fez a Glória
Você viajou na tua história desceu um
marinheiro nas águas de Laguna
E você menina corria na praia entre as dunas
E veio a Vitória
Você assava pães naquele agosto chuvoso
o fogo te queimava as mãos
Mas quando comia feliz o teu produto
Nasceu o Hamilton
Você olhava distraída para o mundo e via um
garoto inventando cimitarras e canhões
Para atirar em pássaros e ratos você pensou que
era alucinação deitou-se tomou teu remédio
E fez o Sérgio

Quando apareceu no portão um japonês
vendendo tomates maduros
Você olhou no espelho pintou a pele de amarelo
E fez o Paulo
Naquela hora você amava o céu
Os anjos tocavam harpas em nuvens nômades
E você criou o Daniel

E agora você cantava bonita cigana como um pássaro liberto
E agora você cantava bonita cigana para as roupas do varal
E agora você cantava bonita cigana até
o pão sorrir dentro do forno
E agora você cantava bonita cigana para as
raízes dançarem dentro da terra
E agora você cantava bonita cigana La Traviata - Rigoleto
E agora você cantava com teu amado olhando para o céu

Hamilton Faria

6

Minhas joias mais preciosas

Caminho pelos corredores do hospital ao lado de meu filho Daniel e apoiada no andador que também carrega o soro que, gota a gota, vai entrando em minhas veias. Dizem os médicos que preciso andar todos os dias pela manhã e à tarde. Enquanto caminhamos, vamos conversando sobre as histórias que vivemos. Daniel é o meu caçulinha, a raspa do tacho como é dito popularmente. Relembro com ele o seu nascimento e os seus primeiros meses de vida. Ele mesmo sabe que era muito feinho. Claro que eu nunca achei isso e muito me entristecia quando minhas vizinhas ou amigas diziam:

"Ele é tão diferente dos outros...", "Como é magrinho!", "Ele está doente ou é sempre pálido assim?", "É estrábico?", "Eu, se fosse a senhora, parava de amamentar no seio e começava a dar a ele mingau de leite de vaca engrossado com muita maisena". Cheguei a brigar com uma vizinha que me perguntou se ele tinha doença de macaco. Respondi que não, mas que achava que ela deveria ter língua de cobra. Nunca mais conversou comigo.

Sempre fui assim: nunca admiti que alguém falasse mal dos meus filhos. Para mim, eles eram todos lindos e inteligentes. Briguei com minha comadre, dona Amélia, quando eu me referia a Maria da Glória como uma moça linda e ela disse: "É uma pena que é tão baixinha". Não aguentei e logo repliquei: "Baixinha é a sua avó! A minha filha é do tipo *mignon*, de traços delicados e suaves, toda proporcional. E você, que é um pau-de-virar-tripa, magra e comprida!".

Daniel hoje é muito bonito. É músico, poeta e compositor, além de professor. Disse que uma parte da nossa história que ele considerava das mais interessantes era a maneira como seu pai e eu profetizávamos o futuro de cada um dos filhos e, sobretudo, como prevíamos as escolhas de suas profissões, tendo como base as tendências manifestadas desde a infância e o nosso desejo de que fossem bem sucedidos e felizes quando adultos.

Já no quarto, a enfermeira nos aguardava para as atividades de rotina; soro, remédios, temperatura, pressão e tudo o mais a que tenho que me submeter sem reclamar. Para amenizar essa chatice, digo a ela orgulhosa: você já conhece todos os meus filhos, minhas joias mais preciosas? Fico tão tranquila com o rumo que cada um deu para sua vida.

— Como uma bruxa ou uma fada, a senhora olhava para mim, desde muito pequeno, e dizia: "meu filho, já te vejo no Teatro Scala de Milão cantando *La Traviata Rigoletto, Figarô*, entre outras".

— De certa forma, eu também projetava em você o compositor Júlio Barreto, meu pai. Os teus presentes de Natal e aniversário eram sempre instrumentos musicais ou discos com músicas de boa qualidade que eu apreciava, tais como as óperas interpretadas por grandes tenores espanhóis e italianos. Também, comigo, ouvias músicas populares como aquelas composições cantadas por José Mujica, Nelson Gonçalves, Noel Rosa, Pixinguinha, Dalva de Oliveira, Ângela Maria e Cauby Peixoto. Por volta dos dez anos, começaste a dedilhar algumas canções no piano. A convivência com os primos na casa de minha irmã Francinha foi decisiva para a tua ligação com a música. Lá, ouviu pela primeira vez, Ray Charles que muito o emocionou, bem como Caetano Veloso, que lhe mostrou um outro lado da música popular brasileira, em uma época em que, em nossa casa, só se ouvia música engajada, como as de Geraldo Vandré e Chico Buarque de Holanda. Talvez por isso, e contrariando minhas previsões, você tenha abandonado o clássico e passado a se dedicar à música popular brasileira, tornando-se um profundo conhecedor dessa modalidade, sendo reconhecido hoje, não apenas como instrumentista, mas também como compositor e intérprete.

Daniel, deitado na cama ao lado, parece cochilar. Volto às previsões que eu e Rômulo fizemos sobre o futuro de cada um de nossos filhos e de como elas interferiram em suas escolhas.

Hamilton, era aquele menino prodígio que, desde muito cedo, escrevia poemas, fazia discursos, tinha o dom da oratória e, no Colégio Militar, destacava-se como aluno modelo que buscava inspiração no Duque de Caxias. Por suas qualidades, apostávamos nele como alguém que seguiria com brilhantismo a carreira militar, tornando-se um dia um grande general. Entretanto, logo nos primeiros anos, o menino que se encantava pela figura do soldado, descobriu que o que o seduzia, como a tantos outros meninos, era, na realidade, os rituais, as marchas, as bandas, os paramentos, as fardas e as armas. Nessa época, nem sonhava que um dia seria vítima desses militares e que passaria a combatê-los. No momento da escolha profissional, decidiu enveredar pelas Ciências Sociais. Paralelamente, deu continuidade às suas criações poéticas, publicando diversos livros, e de militante político obstinado veio a tornar-se ativista da cultura da paz e do reencantamento do mundo.

Paulo, desde muito cedo, manifestou interesse pelas letras e pelo aprendizado de outras línguas. Por essa razão, eu e Rômulo dizíamos que ele seria no futuro um diplomata. Maria da Glória, percebendo as suas preferências, ao receber seus primeiros salários, decidiu matriculá-lo na Aliança Francesa. Talvez isso tenha sido decisivo para que ele, terminado o colegial, optasse pelo curso de Letras. Tornou-se professor e, mais tarde, submetendo-se a concurso para gestor público, foi trabalhar no Ministério da Cultura, no Departamento de Relações Internacionais, participando de discussões e negociações que envolviam a difusão e a promoção da cultura brasileira no exterior, especialmente nos Estados Unidos e nos países de Língua Portuguesa. Não foi diplomata, mas integrou delegação diplomática e sempre se destacou por sua fineza e capacidade no trato de questões delicadas. Era, também, aquele membro da família com quem sabíamos que podíamos contar nas questões mais difíceis, como nas doenças e nas dificuldades do dia a dia.

Sérgio, era o mais engenhoso de todos: queria consertar todas as coisas estragadas, manifestava curiosidade pelas invenções, vivia fazendo experiências, buscava sempre novas explicações científicas. Este, segundo nossas previsões, seria engenheiro mecânico. No meio do caminho, resolveu fazer Direito para consertar as injustiças cometidas contra os explorados. Abandonou o curso e decidiu enveredar pelo mundo das Ciências Exatas, estudou Matemática e Física e tornou-se professor, buscando consertar as cabeças dos jovens e inventando novas formas de ensinar. Para consertar a profissão, participou de todas as lutas do magistério e foi eleito por duas vezes Presidente do Sindicato dos Professores, conseguindo arrancar, na luta contra a Ditadura, já agonizante, é verdade, o melhor estatuto dos professores do país. Depois, foi diretor do Parque da Ciência do Estado do Paraná, administrando e consertando aquele espaço educativo que tinha tudo a ver com os seus dotes descobertos na infância. Até hoje, atua no movimento sindical. Sua afinidade com as ciências não o impede de também ser um bom poeta.

Já as meninas certamente seguiriam a carreira de suas tias: seriam professoras. Essa profissão era considerada a mais adequada a uma mulher pois, em primeiro lugar, ela deveria conciliar a vida profissional com as suas tarefas de dona de casa. Por outro lado, acreditava-se que a maternidade oferecia à mulher capacidades indispensáveis para o desempenho do magistério.

Maria da Glória desde pequena foi muito estudiosa, sempre tirava os primeiros lugares e era muito estimada pelas professoras que a consideravam uma aluna modelo. Cedo, terminou o Curso de Magistério e logo fez concurso público, tornando-se professora em escolas da periferia de Curitiba. Depois, especializou-se na educação de Surdos e passou trabalhar em uma escola especializada, em uma época que ainda não se falava em inclusão para esse tipo de deficiência. Casou-se cedo e seu marido não queria que ela fizesse um curso superior. Depois de muita insistência, quando já haviam nascido suas duas filhas, ela ingressou no Curso de Letras que não chegou a concluir. Morreu antes.

Vitória formou-se em História e, posteriormente, fez Mestrado em Educação, especializando-se na formação de professores de educação infantil. Desde menina, destacou-se por sua sensibilidade. Era a mais chorona de todos. Desde pequena, adorava poesia e declamava muito bem. Aos quatro anos, quando Hamilton nasceu e ela foi conhecer o novo irmão, surpreendeu a todos com um lindo versinho feito por ela para homenageá-lo. Nos colégios que frequentou, foi sempre requisitada para declamar e fazer discursos. Durante os anos da Ditadura, Vitória apoiou todas as ações políticas nas quais seus irmãos se engajaram e como professora atuou pontualmente nas lutas do Magistério. Entretanto, suas maiores contribuições à luta política, nessa época, se deram de forma indireta, trabalhando exaustivamente e me entregando todo o seu salário para complementar o sustento da família, acolhendo e até escondendo em sua casa jovens perseguidos pelo regime, dando ajuda financeira para a organização da qual seus irmãos participavam e, sobretudo, sendo o meu esteio nos Anos de Chumbo, amparando-me nas horas mais difíceis.

Assim, as profecias minhas e de Rômulo não se realizaram tais como prevíamos, no entanto, influenciaram fortemente os caminhos trilhados por todos. Ao pensar em suas escolhas profissionais, não posso deixar de pensar na minha própria formação e em como, na convivência com eles e com Rômulo, fui aprendendo e me transformando.

Quando me casei, tinha feito apenas o curso primário. Meu sonho era continuar meus estudos, mas, em função dos meus problemas de saúde, das dificuldades financeiras, da chegada dos filhos e do pouco valor que se dava à formação intelectual das mulheres, esse sonho foi sendo, aos poucos, obscurecido. É verdade que à medida que as crianças foram crescendo, eu fui acompanhando o desenvolvimento delas e buscando me atualizar.

Sempre gostei de ler. Escrevia todos os dias no meu diário. Quando me via provocada por algum acontecimento, arriscava-me a escrever crônicas. Ao mostrá-las para meus filhos ou amigos, eles diziam que eu deveria publicar. Comecei, então, a enviá-las para um amigo que dirigia um jornal em Laguna. Ele publicou algumas dessas crônicas. Tento lembrar das mais significativas. Acho que a primeira foi inspirada na vida e no trabalho do médico africano Dr. Christiaan Barnard que, em 1967, na Cidade do Cabo, fez o primeiro transplante de coração em seres humanos. Algum tempo depois desse feito, ele se separou ou se divorciou de sua esposa. Eu não tinha nada a ver com isso, mas fui provocada a escrever sobre o caso. Lembro que eu dizia no texto "o senhor ficou rico e famoso transplantando coração, mas na realidade o senhor não tem coração pois abandonou a sua esposa, mãe de seus filhos".

Escrevi também uma crônica que denominei A visita da morta. Nela, narro uma experiência com o sobrenatural que vivi sendo visitada por essa senhora algum tempo após sua morte. Também escrevi sobre a noite de Natal que passei na

Basílica da Natividade, em Belém, na Palestina. Além disso, outras páginas sobre o cotidiano de Laguna foram publicadas e tiveram repercussão entre meus amigos, tanto em minha cidade natal quanto em Curitiba. Isso alimentou em mim o desejo de escrever meu livro de memórias e de voltar a estudar.

Voltei a sentir dores e Daniel saiu para procurar o médico de plantão. A dose de morfina aplicada me deu um certo alívio. Consegui dormir e até sonhar. No meu sonho, lembrei com clareza da minha felicidade ao voltar a estudar. Quando acordei, sozinha no quarto, dei boas gargalhadas lembrando do dia em que perguntei ao professor de Português o que era "tesão", palavra que eu ouvia meus filhos falarem, várias vezes.

Ele, então, me mandou procurar no dicionário. Como boa aluna, busquei seu significado e descobri que era isso que eu às vezes sentia. Na época, essa palavra era usada apenas por jovens rebeldes, não era como hoje, vulgarizada. Segundo o dicionário, tesão é uma palavra latina, tem o sentido de força, intensidade, manifestação de violência. Com o tempo, ganhou novos significados, como excitação e desejo sexual. Hoje, popularizou-se e está na boca do povo.

Depois da morte de Rômulo e com as crianças já crescidas, resolvi voltar a estudar. Minha filha Vitória trabalhava em uma escola em que havia sido inaugurada a educação de adultos. Fiquei entusiasmada com a ideia de dar continuidade aos meus estudos. Haviam criado uma modalidade nova, com a possibilidade de cursar o ginásio em dois anos e meio e o colegial em um ano e meio.

Voltei a ser criança, a ter colegas jovens, a conviver com pessoas alegres e brincalhonas. A maior parte dos alunos era constituída por jovens oriundos de famílias pobres que não tiveram a oportunidade de estudar na época certa uma vez que começaram a trabalhar muito cedo. Foi maravilhoso voltar a me sentar em um banco escolar. Adorava as aulas de Português, de História e de Geografia, mas tinha uma grande dificuldade no entendimento da Matemática. Minha língua embolava e não me obedecia para pronunciar as palavras em Inglês. Gostava de Ciências, mas achava a professora pouco simpática.

Mas as duas matérias que eu mais detestava eram Organização Social e Política Brasileira (OSPB) e Educação Moral e Cívica (EMC). A professora queria nos enfiar goela abaixo, em plena Ditadura Militar, mentiras sobre a realidade de nosso país. Em casa, eu tinha com meus filhos uma visão realista do que se passava na economia, na política, na educação e na saúde do Brasil. E, principalmente, aprendia com eles o que era patriotismo e o que se passava nos porões da ditadura. Não raras vezes, conflitei com a professora, procurando também fazer com que meus colegas enxergassem o que acontecia em nosso país. Estes, levados pelas propagandas que eram feitas pelo governo e pelos meios de comunicação, afirmavam e reafirmavam o combate ao comunismo. Muitas vezes, defendiam as ideias que eram impostas pelo sistema. A professora dessas duas matérias constantemente trazia para a sala de aula artigos e notícias de jornais que mostravam as manifestações estudantis, frequentes naquela época, como movimentos subversivos liderados por baderneiros. E eu, que tinha em casa quatro desses "baderneiros", que participavam ativamente do movimento dos estudantes, defendia com muita ênfase a luta desses jovens, procurando fazer com que meus colegas enxergassem o que acontecia no país.

Como sempre, fui uma pessoa indisciplinada, tive muita dificuldade no cumprimento dos horários escolares. Sempre chegava atrasada e perdia parte das aulas. Era difícil também me adequar a outros aspectos da disciplina institucional. Na realidade, hoje, vejo que muitas vezes eu perturbava a ordem estabelecida.

Vitória era a minha professora de História e Sidney, na época meu genro, dava-me aulas de Matemática. Hoje me arrependo e vejo criticamente algumas atitudes pouco éticas que cometi em suas aulas, principalmente em dias de prova. Com a vida atribulada que tinha, enfrentando problemas difíceis como as prisões de meus filhos, assumindo todas as funções da casa, muitas vezes não tinha tempo de estudar. Assim, me utilizava de alguns recursos para me sair bem nas provas, como levar uma "cola", olhar para as respostas de alguns colegas ou ainda perguntar para alguém próximo.

Essas minhas movimentações não passavam despercebidas pelos professores que ficavam focados em mim o tempo todo na tentativa de evitar tais atitudes. Isso me irritava muito e certa vez cheguei a dizer para minha filha em alto e em bom tom: "Em casa, tu me pagas. Aqui és professora, mas lá em casa, és minha filha". Isso provocou uma gargalhada geral dos meus colegas. Vitória se sentiu desmoralizada perante eles. Nessa época, ela era meio insegura, recém-formada e com pouco mais de 20 anos. Hoje me arrependo.

Ainda estava relembrando minhas aventuras como aluna quando a porta do quarto se abriu e, num repente, chegou Vitória com um grande bolo, seguida por Daniel, Hamilton,

Sérgio e Paulo. Era aniversário dela e decidiram comemorar aqui comigo. O bolo era lindo, todo confeitado e ao centro duas velinhas revelando os seus 60 anos. Comendo o maravilhoso bolo de chocolate com morangos, rimos e choramos, lembrando-nos de acontecimentos que juntos comemoramos e daqueles que, em situações extremas, quase nem lembrávamos que existiam. Adoro vê-los juntos. Quando saíram, aproveitei para escrever um pouco. Essa é a primeira vez que, aqui no hospital, sinto essa necessidade. Narrei o dia de hoje e quando me dei conta estava escrevendo sobre a infância de meus filhos.

Parece que foi hoje. Rômulo na rede e os meus seis filhotes sentados em volta dele ouvindo a leitura de livros cuidadosamente escolhidos em sua biblioteca, visando à formação intelectual dos filhos. Nem sempre se tratava de literatura infantil, embora esta fosse também privilegiada. Eu, na cozinha, lavando a louça do jantar, aproveitava para também escutar. Indiretamente, essas leituras também contribuíram com a minha formação. Esse era o momento em que as crianças me davam um pouco de sossego. Cessavam-se as algazarras, brigas, gritos e correrias desenfreadas pela casa. Todos os olhinhos arregalados vibravam com as maravilhas saídas das páginas dos livros de Monteiro Lobato, Histórias do Tarzan, Vicente Guimarães; além de José de Alencar, Machado de Assis, Érico Veríssimo; bem como, discursos de Rui Barbosa, Sermões do Padre Vieira, artigos das Seleções *Reader's Digest* e poemas de Camões, Castro Alves, Olavo Bilac, Capistrano de Abreu, Gonçalves Dias, entre outros.

O mais interessante é que desde os pequeninos até os mais velhos, todos permaneciam ali embevecidos pelas maravilhas que saíam todas as noites daquelas páginas. Nesses "saraus", como chamavam esses encontros, também havia tempo para comentários, declamações e contação de histórias inventadas pelas crianças. Sérgio, aos cinco anos, contava de suas peripécias na África, caçando leões e montando em elefantes. Outro dia, falava da vida de seus filhos Pequê e Autoplei que, com ele, moravam em uma cabana no meio da selva.

Hamilton disputava com ele falando que havia matado quatorze leões e aproveitava esse momento para dizer de cor os discursos de Rui Barbosa. Daniel, acompanhava os mais velhos e aproveitava para cantar a última música aprendida. Paulo, chorava a morte do senador Cícero, um dos maiores oradores e escritores romanos, cruelmente decapitado pelas forças do imperador Marco Antônio, no ano 43 a.c. Enquanto Paulo chorava, quase 2000 anos após a morte desse republicano, os outros cinco irmãos riam às gargalhadas da emotividade do menino que ainda estava aprendendo a ler. Paulo diz que não se lembra de ter chorado, mas, sim, se indignado pelo primeiro contato com uma grande injustiça.

O dia mais alegre do mês era o dia em que Rômulo chegava do trabalho trazendo embaixo do braço, além do jornal diário, a revista Sesinho. Essa era uma publicação do Sesi, da melhor qualidade. Continha histórias, charadas, cruzadinhas, piadas, cartas de leitores, propostas artísticas e poesias. Quando o Sesinho chegava, era uma briga para ver quem primeiro iria ler a revista. E, assim, ela ia passando pelas mãos dos seis que, à noite, socializavam o que mais haviam gostado.

Esses momentos eram também aproveitados para as brincadeiras de escolinha. Glória era a Diretora. Vitória, a professora. Os meninos eram os alunos. Rômulo fazia o papel de um visitante ou de um inspetor que sempre chegava na escola com uma novidade, com uma charada ou com algum comentário de coisas que ele ia percebendo em cada um. Sempre fazia perguntas interessantes que despertavam mais a curiosidade e o desejo nas crianças de conhecerem o mundo e buscarem o conhecimento. Ele mantinha uma relação muito carinhosa com os filhos. Era brincalhão e irônico. Com cada um conseguia manter uma relação diferenciada.

Quando falo dos meus filhos, não posso deixar de lembrar de minha querida Maria da Glória que tão cedo nos deixou. Ela era a minha primogênita, a mais esperada. Foi com ela que aprendi a ser mãe e cometi meus maiores erros. Erros que tive a oportunidade de consertar com os demais, ainda que não todos. Ela, quando criança, era feinha, magrela e sardenta. Tornou-se uma moça linda, estudiosa e muito prendada. Bordou todo o seu enxoval de casamento. Entretanto, tinha um gênio muito difícil e que se manifestou muito cedo. Brigava na rua e vinha para casa com a roupa toda rasgada. Era teimosa e pirracenta. Brigávamos muito. Casou-se com um advogado bem mais velho que ela, extremamente conservador. Após a morte de Rômulo, passaram a interferir muito na minha vida, originando sérios conflitos.

Maria da Glória teve duas filhas e, não querendo mais ter outros filhos, utilizou-se de diversos métodos anticoncepcionais. O primeiro deles foi a pílula anticoncepcional, que na época era novidade por ser o primeiro método contraceptivo anunciado com garantia de 100% de eficiência.

Depois, passou a usar o dispositivo intrauterino (DIU). Como já fazia muitos anos que estava fazendo uso desse método preventivo, decidiu retirá-lo. Durante o procedimento, sofreu um choque anafilático causado pelo uso de uma anestesia de efeito ultrarrápido e veio a falecer em plena flor da idade, no ano em que ia se formar em Letras pela Universidade Católica do Paraná, depois de enfrentar muita briga com o marido que era contra seu ingresso no Curso Superior.

    Esse foi o mais duro golpe que sofri em minha vida. Perder um filho é a maior dor que um ser humano pode sofrer. É algo inenarrável. Eu parecia ter sido rasgada por dentro. Dilacerada. Com ela, morreu uma parte de mim que jamais consegui recuperar. Durante o velório, não arredei os pés um só momento. Fiquei ao seu lado revendo toda a sua história, seus gostos, sua personalidade. Pedi perdão a ela e a Deus por talvez não ter conseguido compreendê-la. Sentia-me culpada por todas as brigas que tivemos. Queria ter morrido junto.

    Uma das cenas mais comoventes do velório foi quando chegaram seus quarenta alunos Surdos para prestarem suas homenagens. Não falavam e nem ouviam, mas expressavam o seu carinho pela mestra que lhes mostrou uma outra forma de conhecer e de estar no mundo e eu agradeci a ela também por isso. Ela tinha apenas 35 anos e duas filhas para criar. Após ver minha filha ser enterrada, tranquei-me dentro de casa por uma semana, sem querer ver ninguém. Não comia, não bebia, só chorava. Saí daquele quarto com a sensação de que havia envelhecido 20 anos.

Tantos dias nesse hospital, imersa nessas recordações, fizeram-me escrever como uma forma de desabafo. Será que em meus diários, consegui colocar toda a dor do luto? Guardo a caneta, mas novas lembranças invadem minha mente.

Revendo essa história trágica, lembrei-me de um episódio ocorrido quando ela ainda era criança. Maria da Glória havia ganhado uma bicicleta e andava toda faceira pelo bairro. Certo dia, resolveu carregar o Paulo no bagageiro. Nessa época, ele tinha apenas dois anos. Com muito medo, o menino enfiou seus pés na roda em movimento, causando cortes profundos que fizeram sangrar muito. Glória, temendo apanhar, encheu de talco o ferimento e escondeu-se embaixo do porão de nossa casa com o Paulo. Procurei-os por todos os lugares, sem sucesso. Horas mais tarde, Hamilton encontrou sua irmã com um pauzinho na mão, cavando um pequeno buraco. Quando perguntada sobre o que fazia, respondeu: "Estou cavando minha própria sepultura".

Hoje me pergunto: Será que ela, inconscientemente, não cavou a sua própria sepultura ao evitar gerar a vida dentro de si, por meio de um objeto estranho que veio a provocar sua própria morte?

Depois da morte da Maria da Glória, suas filhas, Luciana e Andréa, ficaram muito distantes de mim, uma vez que meu genro, Ailton, levou-as para o seio de sua família e elas passaram a conviver mais com os avós e tios paternos. Depois, ele voltou a se casar e, em 1983, com seu falecimento, tornei-me tutora das meninas. Foi um período muito difícil tanto para mim, quanto para elas. Eu, com 65 anos, não tinha mais energia para ser responsável por duas adolescentes que na realidade eu pouco conhecia. Além disso, meu temperamento controlador clamava por protegê-las de todos os perigos que eu imaginava que elas poderiam estar correndo. Elas, por suas vezes, não aceitavam o domínio de uma avó puritana e retrógada para a qual deviam obediência. Felizmente, ficaram com uma boa situação financeira, mas era eu quem tinha que administrar seus gastos. Por um período, optaram por estudar em um colégio interno e, dois anos depois, Luciana, já com 18 anos, emancipou-se e assumiu a tutoria de Andréa. Tenho que admitir que não consegui conquistá-las embora tenha me esforçado para isso, à minha maneira é verdade. Com os outros netos foi diferente pois eu não tinha o compromisso de educá-los e nem a responsabilidade de cuidar deles cotidianamente.

Mariana e Raquel, filhas da Vitória, foram as netas com as quais tive uma relação mais afetiva. Embora morassem em Belo Horizonte, elas, quando crianças, vinham com seus pais para minha casa em Curitiba uma ou duas vezes por ano e eu ia para Belo Horizonte passar uns dias com elas. Além disso, nos finais de ano, estávamos sempre juntas. Assim, desde sua infância, aprendemos a nos conhecer e a nos amar. Na adolescência, iam comigo para Laguna e fomos ficando cada vez mais próximas. Sinto que elas me amam muito.

Com minha doença, as duas deixaram suas atividades em Minas para estarem aqui no hospital, pertinho de mim.

Já com os outros netos, filhos de Sérgio, Daniel e Paulo, tenho uma boa relação. Sempre que vêm em minha casa, eu os trato com muito carinho e sempre tenho alguma coisinha gostosa para oferecer e um presentinho para lhes dar. Mas, como acontece na maior parte das famílias, os filhos homens, depois que se casam, ficam mais próximos da família da mulher. Com eles não foi diferente e, assim, os avós maternos de Tiago, Victor, Gabriel, Ana Terra, Marina e Sofia tiveram o privilégio de estarem mais perto deles. Amo-os todos e é muito bom quando estamos juntos, mas esses encontros ocorrem, em geral, nas férias de final de ano e em ocasiões festivas.

Hoje me sinto livre como um
beija-flor ou uma borboleta...

Julíbia

A despedida

Hoje me sinto muito melhor. Não tenho dores. Não tenho sofrimentos. Talvez tenha chegado a hora de dizer: viver ou morrer. Fiz um inventário das minhas derrotas e das minhas tristezas. Agradeci também por tudo que a vida me proporcionou: alegrias e sucessos. Percebi todas as minhas limitações; exaltei, talvez exageradamente, as minhas qualidades e virtudes.
Hoje sei que fui mesmo uma pessoa dúbia, talvez até bipolar, com altos e baixos, uma criatura emocionalmente instável, incoerente, algumas vezes muito agressiva, insegura e irreverente. Enfim, já nasci dividida, com duas cabeças. Agora, na hora da verdade, quando contabilizei meus erros e acertos nesses seis dias de hospital, pensei muito nas perdas e ganhos dessa minha trajetória.
Quando entrei nesse lugar, eu nem podia imaginar que seria aqui, com meus 87 anos, que eu iria acertar todas as contas com a vida e com o que fiz dela. Alguns fazem terapia, outros nem pensam, vão vivendo. A minha terapia são os meus escritos. Neles eu me revelo por inteira.
Acho que nestes dias consegui rever realisticamente, sem censura, nem idealização, os momentos mais importantes

da minha vida. Revi minha infância, minha família original, meus três grandes amores, meu casamento, minha formação intelectual, meus escritos. Revisitei a infância, a juventude e a vida adulta de meus filhos, pensando em cada um na sua singularidade. Transportei-me para os porões da ditadura, lembrando-me de como virei fera para enfrentar o mundo na busca de meus filhos. Refiz, no meu imaginário, todas as viagens que realizei. Passei pelos diferentes sítios da memória, sofrendo, chorando e rindo de mim mesma.

Nesses dias em que estive aqui, abri todas as comportas do consciente e do inconsciente. Limpei todos os baús, as gavetas, os quartos escuros, os sótãos e os porões, aqueles subterrâneos sobre os quais muitos já escreveram. Para mim, essas são as moradas dos ratos, das cobras, das aranhas, dos morcegos e dos escorpiões que escondemos do mundo e até de nós mesmos.

Pessoas estranhas entram e saem do meu quarto. Sinto dor e me deparo com um cateter. Estou sonolenta. Adormeço. Sonho coisas terríveis. Acordo chorando, trêmula. Quero falar e a voz não me sai. Enfermeiras empurram a maca em que me encontro e correm por corredores sem fim. Minhas costas doem. Sinto frio. Cobrem-me. Aplicam-me uma injeção.

Desperto muito bem agora, em meu quarto de hospital, sem dores nem no corpo e nem na alma. Sinto vontade de cantar. Penso que hoje é um dia decisivo: viver ou morrer? Eis a questão.

O que deixarei de viver? Minha casa, meus filhos, meus netos, meus amigos, meu diário, meus sonhos e desejos, minhas roupas, os livros que li e os que não li, minha capela, minhas músicas, viagens, minhas bagunças, meus pobres.

Sinto-me ao mesmo tempo tão perto e tão longe de tudo e de todos.

Chamei ao hospital meus filhos, minha irmã, meus netos e contei a eles o sonho que tive essa noite. Sonhei com Rômulo, Roberto e o Marinheiro. Conversei com os três e disse que os amava, mas que ainda não sabia com quem queria ir para a eternidade. Até no sonho me divido!

Escolher Rômulo significa morrer. Encontrá-lo seria ainda brigar um pouco mais e agradecer a ele pelos filhos que me deu, fazer perguntas para buscar descobrir por que um dia quis nos abandonar.

Escolher Roberto seria viver o grande amor que não me permiti viver nesta vida, único, erótico, sensorial, carnal. Seria também descobrir a razão de ele ter me abandonado após termos vivido juntos aqueles momentos inesquecíveis.

Escolher o lindo marinheiro da minha infância seria viver de novo, fazer uma viagem sem mapas, conhecer o mundo, voltar no tempo. Seria reviver o frescor dos meus onze anos e dar continuidade a uma outra história.

Em seis dias, revi os fatos mais importantes da minha trajetória, revisitei acontecimentos do século XX, procurando entender como aqueles fatos históricos interferiram na minha vida e determinaram minha maneira de ser. Lembrei-me de todas as pessoas vivas ou mortas que passaram por mim.

Minhas lembranças levaram-me a entender como vivi, sobrevivi e experimentei todas as fases do meu existir. Será que morrer é isso? Apaziguar-me com quem eu era? Com quem eu sou? Com quem serei amanhã? Será que já morri? Ganhei asas?

Agora, sinto-me livre como um beija-flor ou uma borboleta, que não tem ontem, nem amanhã. Parece que já me desfiz desse corpo que me deu prazer, mas que também me causou muita dor. Sinto-me partindo para um lugar de onde jamais retornarei. Antes, beijei cada um dos meus filhos como que pedindo um perdão desesperado por algo que nem sei. Era minha despedida. Não sinto medo nem tristeza. Vou...

Minutos depois, Julíbia foi encontrada em seu quarto de hospital com um sorriso enigmático nos lábios.

Fotos

Julîbia.

As joias mais preciosas de Julíbia.

▼ Julíbia no aniversário de 70 anos com as amigas: Helena Kolody, Ivete Nascimento, Francinha Wojciechowski, Glicínia França e Lais Fávaro.

Três Gerações: Julíbia, Líbia e Glória, 1965.

Julíbia aos 85 anos.

▶ Julíbia e sua irmã Francinha.

▼ Paulo ao colo de Maria, Sérgio, Vitória, Hamilton e Glória. Atrás Rômulo, Julíbia e Leopoldina, 1962.

▲ Julíbia aos 85 anos.

▼ Aniversário de 15 anos de Glória.
No primeiro plano, Julíbia, Glória e Vitória, 1955.

Foto do casamento de Romulo e Julíbia em 1939.

Julíbia aos 40 anos.